할아버지의 기도

MY GRANDFATHER'S BLESSINGS
Copyright © 2000 by Rachel Naomi Remen
All rights reserved including the right of reproduction
in whole or in part in any form.
This edition published by arrangement with Riverhead Books,
an imprint of Penguin Publishing Group,
a division of Penguin Random House LLC

Korean translation copyright © 2005, 2015 by Moonye Publishing Co., Ltd.
Korean translation rights arranged with Riverhead Books,
an imprint of Penguin Publishing Group,
a division of Penguin Random House LLC through EYA(Eric Yang Agency)

이 책의 한국어판 저작권은 EYA(Eric Yang Agency)를 통한
Riverhead Books, an imprint of Penguin Publishing Group,
a division of Penguin Random House LLC사와 독점 계약으로
한국어 판권을 (주)문예출판사가 소유합니다. 저작권법에 의하여
한국 내에서 보호를 받는 저작물이므로 무단 전재와 복제를 금합니다.

My
Grandfather's
Blessings

할아버지의 기도

레이첼 나오미 레멘 지음 | 류해욱 옮김

문예출판사

글을 옮기며 레치얌──삶을 위하여!

 행복하여라! 마음이 가난한 사람들, 하느님의 나라가 그들의 것이니
 행복하여라! 슬퍼하는 사람들, 그들은 위로를 받을 것이니
 행복하여라! 온유한 사람들, 그들은 땅을 차지할 것이니

 신약성서에서 예수님의 가르침을 모은 산상수훈 중 첫머리에 있는 '행복 선언'입니다. '행복하여라'라고 번역한 그리스어 원문은 '마카리우스'로 '신들의 기쁨'이라는 뜻입니다. 신이 누리는 기쁨이라는 의미와 신이 누리는 기쁨을 인간에게 나누어주는 축복이라는 의미를 함께 가지고 있습니다. 위로를 얻고자 예수를 찾아 산으로 올라온 가난하고 병들고 외로운 사람들에게 예수께서는 그들의 아픈 삶에 깊은 위로와 신의 축복을 빌어주고 싶었습니다. 그 마음이 바로 '행복 선언'입니다.
 '행복 선언'의 궁극적인 의미는 우리 모두는 축복받은 사람들

이라는 것입니다. 《할아버지의 기도》의 저자 레이첼 레멘도 지금 힘들고 고단한 삶에 절망하는 누군가에게 삶은 바로 그 자체가 축복임을 들려줍니다.

저자는 생명을 위협받는 질병으로 절망하는 사람들에게 사랑과 연민을 통해 그들이 자신들의 삶을 뒤돌아보도록 이끌어줍니다. 병은 육체적 치유뿐만이 아니라 영혼의 치유도 함께 이루어져야 온전히 치유되는 것임을 일깨워줍니다.

《할아버지의 기도》는 아름다운 이야기입니다. 저는 번역을 하면서 저자의 삶을 바라보는 따뜻한 눈과 마음의 깊이에 경의를 지니게 되었습니다. 인간과 하느님이 어떻게 연결되어 있는지, 인간의 영혼은 어떻게 치유받을 수 있는지를 작가 자신의 아픈 체험과 암으로 고통받는 환자들의 진솔한 이야기를 통해 들려줍니다. 상처받을 수 있는 약함 속에 오히려 강함이 숨어 있다고 이야기합니다.

지금 당신이 고통받고 있다면, 레이첼 레멘의 이야기에 귀 기울여보십시오. 다른 많은 이들의 아픔의 목소리가 당신의 고통을 어루만지고 치유의 길로 이끌어줄 것입니다.

레이첼 레멘은 어렸을 때 삶에 대한 이야기를 들려주던 외할아버지와 포도주를 마시면서 "레치얌"이라고 외치며 건배했습니다. '레치얌'은 히브리말로 '삶을 위하여'라는 뜻입니다. 행복하고 아름다운 삶뿐만이 아니라 어렵고 힘들고 때론 부당하다고 느껴지는 삶일지라도, 삶은 여전히 거룩하고 서로 축복해야 한다는 의미라고 합니다.

상실과 고통을 체험한 사람들만이 진정으로 삶이 얼마나 소중하고 놀라운 것인지를 알게 됩니다. 그 체험을 통해 열정적인 "레치얌"을 외칠 수 있을 것입니다. 삶은 기쁨을 통해서도 성숙하지만 때로는 슬픔을 통해서도 영적인 성장을 이루게 합니다. 슬픔은 우리가 더 잘 사랑할 수 있는 법을 배우게 합니다.

이 책이 기쁨 중에 있는 분들에게는 이웃을 돌아보게 하는 따뜻한 시선이 되고, 고통 중에 있는 분들에게는 작은 위로의 손길이 되기를 소망합니다. 작은 위로의 손길은 작은 희망으로 남아 우리 곁에서 아름다운 꽃으로 활짝 피어나는 그날을 기다립니다. 어떤 삶을 살게 되더라도 삶은 그 자체가 축복임을 여러 이웃의 만남을 통해서 새롭게 배우면 좋겠습니다.

아픔 중에 계신 분들에게는 위로를, 부족한 역자를 위해서 도움을 주신 많은 분들에게는 고마움을 전하며, 진정한 삶에 눈뜨기를 바라는 의미로 오늘은 포도주 잔을 높이 들고 열정적으로 외치겠습니다.

레치얌, 삶을 위하여—

광교산 기슭, 말씀의 집에서
류 해 욱

추천사 《할아버지의 기도》를 추천하며

2001년부터 나는 좋은 책에서 뽑은 좋은 말 한마디가 한 사람의 마음과 몸을 건강하고 행복하게 해주는 마음의 비타민이 될 수 있다는 생각으로 '고도원의 아침 편지'를 운영해왔다. 여러 아침 편지 가족들과 소통을 하면서 책 한 권이 한 사람의 운명을 바꿀 수 있다는 것, 그럼으로써 마음과 마음이 만나고, 영혼과 영혼의 울림이 삶의 작은 기적을 만들어낼 수 있다는 확신을 더욱 굳히게 되었다. 《할아버지의 기도》는 이러한 나의 확신에 힘과 용기를 불어넣는 가장 감동적인 특별한 책 중 하나다.

얼마 전 '독자가 쓰는 아침 편지'에 이런 글이 올라왔다.
"이 세상에서 진정으로 중요한 것들은 왜 보이지 않는 걸까요? 그것은 눈으로만 보기 때문입니다. 눈으로만 보고 싶은 것을 보기 때문입니다. 만약에 눈이 없다고 생각해보세요. 눈 없이 햇빛을 본다면 눈부심보다 먼저 따뜻함을 느낄 것이고, 꽃을 보면 아름다움보다 먼저 향기를 느낄 것이고, 얼굴을 보면 인상보다 먼저 마음을 느낄 겁니다. 이 세상에서 진정으로 중요한 것들은 눈에 보이지 않습니다."

《할아버지의 기도》의 저자 레이첼 레멘은 의사가 된 지 35년이 지난 후에야 전문가로 살면서 동시에 마음으로 사는 것이 가능함을 알게 되었다고 이 책에서 고백한다. 의과 대학의 교육은 과학적인 객관성을 유지하도록 가르친다. 과학 이외의 관점이나 감정이 개입되는 것을 허락하지 않는다. 마음으로 보는 것은 비전문적인 것일 뿐만 아니라 위험하다고 여기기 때문이다.

그러나 이러한 교육은 우리 자신의 본성을 어둡게 하고 병들게 한다. 저자는 마음으로 사물을 대하고 인간적인 의사가 된다고 전문가로서 뒤떨어지는 것이 아님을 깨닫는 데 많은 세월이 걸렸다고 고백하면서 "마음 안에는 삶의 어떤 체험을 변화시키는 힘이 내재되어 있다. 무슨 일을 하든지 인생의 참다운 의미를 찾고 인생을 완성시켜 나가려면 지식이나 전문성을 추구하는 것 못지않게 마음을 계발하는 법을 배워야 한다"고 말한다.

이처럼 레이첼 레멘은 육체의 병을 치유하는 뛰어난 의사이면서 동시에 영혼을 치유하는 탁월한 연금술사다. 이 책에서 그녀가 들려주는 아름답고 감동적이며 진솔한 이야기들은 진정 삶을 풍요롭게 누리고 깊이 있게 바라보게 하는 지혜와 영감으로 가득 차 있다. 고도의 기술 시대에 살면서 우리 자신의 선함을 잊고 기술과 물질에서 안식처를 찾는 현대인들에게 눈에는 보이지 않지만, 이 세상에서 진정 중요한 가치가 무엇인지, 고통이나 상실 안에 어떠한 의미가 담겨 있는지 이야기해준다. 그럼으로써 레이첼은 우리 자신과 세상을 치유하는 힘이 우리 안에 있음을 깨닫도록 이끌어준다.

《할아버지의 기도》를 침대 곁에 놓고 그녀가 들려주는 이야기들을 곱씹는다면, 레멘의 이야기가 어떻게 우리의 삶을 축복하는지 알 수 있으리라. 그리고 우리들 각자가 바라는 '약속된 땅'을 찾아갈 지혜의 길도 발견할 수 있으리라. 그곳에 이르는 길은 눈에 보이지 않지만 다음과 같은 저자의 말처럼, 우리들 내면에 깃들어 있다.

"'약속된 땅'은 많은 사람들에게 서로 다른 것일 수 있다. 어떤 사람에게는 건강일 수도 있고, 어떤 사람에게는 굶주림이나 두려움에서 빠져나와 누리는 자유일 수도 있고 어떤 사람에게는 차별이나 불의로부터의 해방일 수도 있다. 그러나 깊은 차원에서는 우리 모두에게 같은 것이리라. 바로 내면 안에 있는 선(善)을 따라 살고 서로를 섬기고 사랑을 나누며 사는 능력이다."

고 도 원

차례

글을 옮기며 레치얌―삶을 위하여!　4
추천사《할아버지의 기도》를 추천하며　7
서문 외할아버지의 축복　14

I 인생의 향기

　1 축복을 받아들이기　30
　2 축복의 기도　39
　3 천사와의 레슬링　43
　4 인생의 향기　47
　5 우리는 어디에서나 선생을 만난다　55
　6 인생은 축복 그 자체　58
　7 성의 실체　67
　8 레치얌―삶을 위하여!　76
　9 롯의 아내　80

II 눈높이를 낮출 수 있다면

10 마음을 안다는 것　88

11 그냥 함께 머물러주기　93

12 남에게 주는 방법　96

13 선물　99

14 단순히 자연스럽게　102

15 눈높이를 낮출 수 있다면　106

16 좋은 치유자　109

17 잃어버린 팔찌　111

18 가슴으로 껴안다　116

III 삶을 강하게 만드는 법

19 되찾은 메달　122

20 새로운 눈을 갖게 되다　127

21 삶을 강하게 만드는 법　134

22 나팔수선화　139

23 고통과 만나는 곳　146

24 길이 만나는 곳　149

25 마음으로부터　153

26 온전성　158

27 분명해지기까지　161

IV 영혼의 쉼터

28 달라이 라마　168

29 누군가를 알게 될 때　172

30 영혼의 쉼터　176

31 본향으로 돌아가기　179

32 중심을 찾기　182

33 처음으로 한 말　189

34 본향으로 가는 길　192

35 성 프란치스코에게 말해봐요　199

36 섬김　209

V 받아들임

37 섬김에 대해 배우기　216

38 받아들임　221

39 기쁨을 나눌 때　229

40 손을 올려놓을 때　232

41 천당과 지옥　237

42 작은 촛불　240

43 삶과 어깨동무하기　244

VI 본래의 모습

44 삶을 안다는 것　250

45 한 번만 더　254

46 차이 만들기　259

47 미친 결벽　264

48 본래의 모습　267

49 삶과 죽음의 경계에서　277

50 거울　282

VII 신비

51 장작을 패네　290

52 삶의 끝자리　294

53 말 그 너머에　300

54 마지막 환자　303

55 신비　308

56 어디에서 위로를 받는가　311

57 하느님의 현존　315

58 진짜 이야기　318

서문 외할아버지의 축복

어린 시절 외할아버지께서는 우리 집에 오실 때마다 내게 줄 선물을 가져오시곤 했다. 외할아버지가 주시는 선물은 보통 사람들이 아이들에게 주는 인형이나 책, 또는 동물 인형 같은 것이 아니었다. 내가 어릴 때 가지고 놀던 인형들은 50여 년 전 모두 없어져버렸다. 하지만 외할아버지가 주신 선물들 중에서 어떤 것들을 나는 아직도 간직하고 있다.

어느 날 외할아버지는 내게 작은 종이 컵을 선물로 주셨다. 무언가 특별한 것을 기대하던 나는 종이 컵 안을 들여다본 후 실망하고 말았다. 그 속에는 흙이 가득 들어 있었던 것이다. 부모님은 늘 내게 흙을 만지면 안 된다고 타이르셨다. 그래서 외할아버지께 부모님이 뭐라고 주의를 주셨는지 말씀드렸다. 외할아버지는 빙그레 웃으시기만 할 뿐 아무 말씀이 없으셨다. 외할아버지는 내가 가지고 노는 소꿉장난감 속에서 작은 찻잔을 집으셨다. 그러고는 내 손을 잡고 부엌으로 가셨다. 외할아버지는 그 작은 찻잔에 물을 가득 담으셨다. 그 찻잔을 들고 다시 내 방으로 가셔서는 조금 전 내게 보여주신 종이 컵에 물을 준 후 창가 턱에 올려놓으셨다. 외할아버지는 내 손에 찻잔을 쥐어주시며 말씀하셨다.

"네쉬메레야, 날마다 이 잔으로 종이 컵에 물을 줄 수 있겠니?"

나는 영문도 모른 채 고개를 끄덕였다.

"네쉬메레야, 네가 매일 물을 주면 무슨 일이 일어나는지 알게 된단다."

그 당시 우리는 맨해튼에 있는 한 아파트의 6층에 살았다. 아파트 창가에 올려놓은 종이 컵에 물을 준다고 한들 도대체 무슨 일이 생긴단 말인가? 네 살배기 어린아이인 나는 외할아버지의 말을 전혀 이해할 수가 없었다. 나는 눈을 동그랗게 뜨고 외할아버지를 쳐다보았다. 외할아버지는 나를 안아주시며 말씀하셨다.

"네쉬메레야, 날마다 물을 주어야 한다. 매일 말이다. 잊지 마라."

한동안 나는 도대체 무슨 일이 일어날까 하는 호기심에 열심히 물을 주었다. 하지만 며칠이 지나도 컵 속에서는 아무 일도 일어나지 않았다. 시간이 흐를수록 하루도 거르지 않고 물을 준다는 것이 쉽지 않았다.

일주일이 지난 어느 날, 나는 외할아버지께 아직도 계속 물을 주어야 하는지 여쭈어보았다. 외할아버지는 고개를 끄덕이며 말씀하셨다.
"매일이란다, 네쉬메레야."
두 번째 주가 되자 물을 주는 일이 무척 따분하게 느껴졌다. 괜한 약속을 했다는 생각이 들어 은근히 짜증이 일었다. 외할아버지가 오셨을 때 나는 컵을 돌려드리겠다고 말했다. 외할아버지는 빙그레 미소를 지으시며 컵을 다시 내 손에 쥐어주셨다.
"잊지 마라, 네쉬메레야, 하루도 물 주는 것을 거르면 안 된다."
셋째 주가 되면서 나는 물을 주는 것을 자주 잊어먹었다. 막 잠이 들려는 순간 불현듯 생각이 떠올라 침대에서 빠져나와 어둠 속에서 물을 주기도 했다. 어찌 되었든 나는 하루도 거르지 않고 매일 물을 주었다.
어느 날 아침이었다. 물을 주려고 하다가 컵 속의 흙에서 움튼 자그마한 연두색 싹을 보게 되었다. 바로 어젯밤 잠이 들기 직전까지만 해도 컵 속에는 흙만 가득 들어 있었다. 나는 말할 수 없는 벅찬 감동을 맛보았다.
두 개의 싹은 하루가 다르게 커갔다. 나는 이 사실을 빨리 외할아버지께 알려드리고 싶어 안달이 날 지경이었다. 외할아버지도 필경 나처럼 깜짝 놀랄 것이라고 생각했다. 하지만 외할아버지는 조금도 놀라지 않으셨다.

"네쉬메레야, 생명은 이 세상 어느 곳에나 존재한단다. 우리가 전혀 생각지 못한 곳에도 생명은 숨어 있는 법이란다."

외할아버지는 무릎에 나를 앉혀놓고 차분한 음성으로 설명을 해주셨다. 나는 기쁨에 겨운 목소리로 물었다.

"할아버지, 그럼 생명을 자라게 하는 게 물이에요?"

외할아버지는 내 머리를 쓰다듬어주시며 말씀하셨다.

"네쉬메레야, 생명을 자라게 하는 데 꼭 필요한 것은 성실함이란다."

이것이 내가 배운 섬김에 대한 첫 번째 가르침이다. 물론 그때는 너무 어린 탓에 외할아버지의 말씀을 섬김으로 이해하지 못했다. 외할아버지는 섬김이나 봉사라는 단어를 쓰지 않으셨다. 다만 우리 주변과 우리 안에 있는 생명을 축복해야 한다고 말씀하셨다. 우리가 진심으로 생명을 축복할 수 있어야 세상을 치유할 수 있다고 말씀하시곤 했다.

외할아버지는 헤브라이 신비 철학의 전통을 이어오는 카발라 학자였다. 우리 부모님과 삼촌들, 그리고 친척 아주머니들은 이러한 것을 냉소적인 시선으로 바라보았다. 심지어는 세습적인 인습으로 여겨 아주 못마땅하게 여기거나 일종의 밀교로 간주하는 사람들도 있었다. 외할아버지가 돌아가시자 그분이 오랜 세월을 몰두해 연구한 고서적과 필사본들은 어디론가 사라지고 말았다.

카발라에 의하면 태초의 어느 시점에서 거룩한 존재가 헤아릴 수 없이 많은 불꽃으로 나뉘어 우주에 흩어졌다고 한다. 모든 사람, 모든 존재 안에는 선을 행할 수 있는 신(神)의 불꽃이 담겨 있다는 것이다. 우리는 우리 안에 내재하는 신의 현존을 아주 단순하고 평범한 일상에서 만날 수 있다. 카발라는 우주 안에 숨어 있는 거룩한 존재가 매순간 우리에게 말을 건넨다고 가르친다. 세상이 우리의 귀에 속삭이고 우리 안에 계시는 신의 불꽃이 우리 마음에 속삭인다. 외할아버지는 그것을 어떻게 듣는지 가르쳐주셨다.

거룩한 존재와 예기치 않은 만남을 느끼기 위해서 우리에게 필요한 것은 축복을 빌어주는 일이다. 세상 안에는 거룩함을 일깨우는 축복들이 있다. 우리가 누군가에게 축복을 빌어주는 순간 하늘과 땅이 서로 만나 인사하고 서로를 알아보게 된다.

누구에게나 삶 속에서 새로운 순간을 맞이하게 될 때 거기 특별한 축복이 있을 것이다.

나는 미숙아로 태어났다. 외할아버지는 유리를 통해 인큐베이터 안에 누운 나를 들여다보셨다. 어머니는 그때 일을 자주 내게 들려주셨다. 외할아버지는 아주 오랫동안 인큐베이터 안에 있는 외손녀를 바라보시기만 했다. 침묵 속에 계시던 외할아버지가 무언가 중얼거리셨다. 어머니는 내가 너무나 작고 여리기 때문에 걱정을 하고 계시는 것이라고 생각했다. 어머니는 외할아버지를 안심시켜드리고 싶었다. 그래서 무어라고 하셨는지 다시 한번 말씀해달라고 했다. 외할아버지는 내게서 눈을 떼고 어머니를 향해 미소를 지으시며 히브리어로 말씀하셨다.

"내 하느님, 내 주님, 우주의 왕이시여! 당신은 진정 복되시나이다. 당신은 우리에게 생명을 주시고, 그 생명을 지켜주시는 분이시나이다! 당신은 지금 이 순간 우리에게 온전한 생명을 주시니 찬미 드리나이다."

이 축복의 말로 외할아버지는 나와 첫 번째 관계를 맺으신 것이다.

외할아버지는 축복이 넘치는 분이셨다. 이 축복의 말들은 모두 위대한 랍비들에 의해 외할아버지에게로 이어져온 것이다. 외할아버지가 빌어주는 축복들은 모두 우리가 일상의 삶 안에서 거룩함을 만나게 된다는 사실을 깨닫게 해준다.

식탁 앞에서, 손을 씻을 때, 일몰의 순간, 잃어버린 물건을 다시 찾았을 때, 일의 시작과 끝에서 드리는 축복의 말이 있다. 정통 유대교 랍비인 외할아버지는 일상의 삶 속에서 지극히 사소한 일을 하시면서 언제나 축복을 말을 하시곤 했다.

나는 종교 자체를 '인민의 아편' 정도로 여기는 사회주의자의 딸로 태어났다. 그렇기 때문에 우리 집에서 그런 축복의 말을 듣는다는 것은 있을 수 없는 일이었다. 하지만 외할아버지와 있을 때면 언제나 자연스럽게 축복의 말을 들을 수가 있었다. 어린 시절 외할아버지 덕분에 내 영혼 깊숙이 축복의 말을 간직하게 되었다. 외할아버지가 돌아가신 후 오랫동안 그 말을 잊어버렸다. 그럼에도 불구하고 내 기억 속에서 축복은 참으로 아름다운 것이었다.

어린 시절 나는 이 두 개의 극히 상반된 가치관 사이에서 갈등을 겪어야 했다. 외할아버지의 세계와 또 다른 세계였다. 세상에 깃든 거룩함을 느끼며 삶을 축복으로 받아들이는 세계와 삼촌과 숙모들, 사촌들이 추구하는 높은 교육열과 지적인 성취를 이루는 세계였다. 외할아버지의 자녀들은 대부분 의사나 간호사들이었고 손자들도 마찬가지였다.

나는 성장해가면서 조금씩 외할아버지와 멀어졌다. 외할아버지는 마치 과학이라는 거대한 바다 안에 둥둥 떠다니는 신비의 작은 섬과 같았다. 성공을 향한 치열한 경쟁 속에서 나는 어린 시절의 많은 다른 것들과 함께 외할아버지 역시 아스라한 기억 저편에 밀어 넣었다.

외할아버지는 내가 일곱 살 때 돌아가셨다. 내가 외할아버지에게서 터득한 삶의 성찰을 의사로서 내 일에 연관을 짓게 된 것은 꽤 오랜 세월이 흐른 뒤였다. 외할아버지는 삶의 축복을 터득하신 분이었고 그분의 자녀들은 봉사의 삶을 살려고 했다. 그것이 결국은 같은 것임을 알게 되기까지 나는 오랜 시간을 기다려야 했던 것이다.

젊은 시절 나는 의사로서 사는 삶을 드라마와 같은 것이라고 생각한 적이 있었다. 각본과 연출이 있고 나는 연기만 하면 된다고 생각했다. 만약 조금이라도 연기가 서투르면 감독은 즉시 컷! 하고 소리를 지른다. 철저하게 준비된 연기자에게만 역할이 배정된다고 생각했다. 봉사를 하기 위해서는 일상의 평범한 삶을 뛰어넘는 재능과 탁월함이 있어야 한다고 믿었다.

하지만 이제 봉사나 타인을 섬기는 일에서 어떤 재능이나 탁월한 능력 같은 것은 아주 사소한 부분임을 알게 되었다. 봉사나 섬김은 대단한 것이 아니다. 그것은 우리 삶 속 어디에나 있다. 우리는 어떤 지식이나 능력에 의해서가 아니라 있는 그대로의 우리 존재로서 봉사하고 섬길 수 있다. 때로 우리는 자기 자신도 모르는 사이 봉사하고 섬기기도 한다.

우리는 우리가 아는 것보다 훨씬 더 많이 삶을 축복하고 있다. 가장 단순하고 일상적인 행동이 내 주변의 모든 사람들에게 영향을 미칠 수도 있고 축복이 될 수도 있다. 전혀 기대하지 않았던 한 통의 전화, 가벼운 포옹, 귀를 기울여 들어주는 것, 따스한 미소나 눈인사 등이 그네들에게 활기를 불어넣기도 한다. 우리는 처음 만나는 사람에게 축복의 말을 건네고 축복을 받을 수도 있다. 우리의 작은 행동으로 커다란 메시지를 전달할 수도 있다. 떨어진 귀걸이를 찾아주거나 장갑을 집어주는 행동들이 타인에 대한 신뢰와 사랑을 되찾아줄 수도 있다.

인도인들은 생판 모르는 사람을 만났을 때 고개를 숙여 "나메스테"라고 하며 인사를 건넨다. 이 말은 '제가 그대 안에서 신의 불꽃을 보았습니다'라는 뜻이라고 한다.

우리가 다른 사람 안에서 신의 불꽃을 발견할 수 있다면 오랫동안 감추어져 있던 그 불꽃을 다시 타오르게 할 수도 있을 것이다. 누군가를 축복할 때 우리는 그들 안에 내재한 선(善)의 불씨를 타오르도록 도와주는 것이다.

우리 안에 있는 불씨를 타오르게 하기 위해서는 축복이 필요하다. 외할아버지는 거룩한 분이 모든 것을 거룩하게 한다고 믿으셨다.

"네쉬메레야, 그분이 사람들을 창조하신 목적에 맞게 살도록 도와주는 것이 우리가 할 몫이란다. 사람들에게 자유와 행복을 느끼게 하기 위해서 축복이 필요하단다."

우리가 누군가를 축복할 때 물을 먹은 새싹이 자라듯 우리의 삶 역시 성장하게 된다.

삶을 축복할 수 있는 능력은 누구에게나 있다. 우리가 병들거나 늙는다고 해서 축복의 힘이 사라지는 것은 아니다. 오히려 나이가 들 때 축복해줄 수 있는 힘이 더 생긴다. 삶의 연륜 때문이다. 나이 든 사람들은 힘들고 긴 여정을 걸어왔다. 그들의 체험이 사람들에게 희망이 깃든 축복을 준다. 시간이 흐르면 우리 역시 치열한 삶의 경쟁에서 벗어나 그 너머의 어딘가에 다다르게 될 것이다. 그곳이 우리 모두가 서로에게 속하는 장소다.

축복은 단순히 한 사람이 다른 사람에게 베푸는 것이 아니다. 축복은 만남의 순간이다. 함께한 그 순간 우리는 자신의 본래 모습을 깨닫고 그것을 받아들이게 된다. 관계 속에서 우리는 삶에서 참으로 중요한 것이 무엇인지 깨우친다. 자기 자신의 참모습을 인정하고 받아들일 때에만 우리는 아무런 가식 없는 있는 그대로의 자신이 될 수 있다. 이 순간 상대방에 대한 불신에서 벗어나 진정한 안식을 얻는다. 우리는 축복을 통해 나 자신이 진정으로 누구인가를 깊이 성찰할 수 있다.

삶을 축복하고 서로를 섬기는 사람들은 서로가 깊은 유대 속에서 힘을 얻는다. 권태와 공허뿐인 삶의 방식에서 벗어나 외로움을 극복하고 서로에게 안식처가 되어준다. 우리가 서로 삶을 축복해줄 때 더욱더 친밀해지고 그 속에서 잊어버렸던 나 자신을 찾게 된다. 우리는 누군가에게 축복을 받음으로써 자신의 삶이 중요하고 자신에게 축복받을 만한 어떤 것이 있음을 발견하게 된다. 마찬가지로 우리가 다른 사람들을 축복할 때 내게도 똑같은 일이 일어난다.

우리가 타인을 위해 봉사하거나 섬겨서 그들의 나약함을 채워주고 고장난 부분을 고쳐주는 것이 아니다. 우리가 섬기는 것은 하나의 전체로서 우리 안에 있는 존재 그 자체다. 돕거나 고쳐주거나 구해주는 것과 섬김은 아주 다르다. 그것은 서로 인연을 맺는 것이다. 봉사하고 섬기는 것에는 여러 가지 방법이 있다. 우정을 통해, 또는 좋은 부모가 되어주거나 일을 통해서도 섬길 수 있다. 친절과 연민, 관대함과 수용을 통해서도 섬길 수 있다. 어떤 방법으로 섬기든지 우리의 섬김은 그 자체로 우리를 축복한다.

우리가 누군가를 섬기면서 축복을 보낼 때 세상과 우리 주변과 우리 안의 빛은 더욱 밝아진다. 카발라는 공동체로서의 인간이 해야 할 일을 티쿤 올람이라고 말한다. 우리가 세상을 유지하고 새롭게 한다는 뜻이다.

어린 나는 외할아버지가 들려주신 이야기 중에서 노아의 방주 이야기를 가장 좋아했다. 외할아버지는 내게 색칠을 하는 그림책을 선물하셨다. 그림책에는 모든 동물들이 한 쌍씩 있었고 노아와 그의 아내가 있었다. 그들이 산타 복장을 한 것은 아니지만 내 눈에는 산타할아버지와 그의 아내처럼 보였다. 외할아버지와 나는 그림책에 색칠을 했다. 그렇게 해서 나는 지구상의 많은 동물들 이름을 외우게 되었다. 어린 나는 하느님의 진노로 홍수가 일어나 세상이 다시 시작되었다는 이야기에 매우 놀랐다.

그림책의 마지막 쪽에는 아름다운 무지개가 걸려 있었다.

"네쉬메레야, 이 무지개는 하느님과 인간 사이에 맺은 계약이란다."

하느님께서는 계약의 표시로써 무지개를 보내주셨으며 다시는 홍수를 일으켜 세상을 멸망시키지 않으리라고 약속하셨다는 것이다. 사람들의 악함 때문에 홍수가 일어났다는 얘기에 나는 외할아버지께 여쭈어보았다.

"할아버지, 사람들이 다시 나쁜 일을 저질러도 이제는 홍수를 보내지 않으실까요?"

외할아버지는 크게 웃으셨다.

"이 이야기 안에는 그렇게 씌어 있단다."

우리가 연민을 지니기 위해서는 우리 문화와 가치에 도전해야만 한다. 우리 문화는 지배와 통제의 능력을 높이 평가한다. 또한 자기 충족과 능력과 독립성을 계발하도록 부추긴다. 이 가치들의 이면에는 인간이 본래 지닌 부드러움과 인간성을 거부하는 측면이 있다. 이러한 문화의 영향으로 우리는 나 자신뿐만 아니라 다른 사람들 안에 있는 도움을 필요로 하는 약함, 고통스러운 것은 무조건 거부하거나 경멸하는 경향을 지니게 되었다.

세상이 각박해지면서 사람들은 안전한 장소를 확보하려고 한다. 그 때문에 공부를 하고 기술을 배우고 돈을 번다. 우리는 집이나 일터, 심지어는 자동차에까지 안전을 위한 장소를 마련한다. 이런 장소들이 우리를 서로 분리시킨다. 하지만 이러한 장소가 결코 안전한 장소가 될 수는 없다. 우리의 유일한 안식처는 서로의 선(善) 안에 있다.

고도의 기술 시대에 살면서 우리는 자신 안의 선함을 잊고 기술이나 전문직에서 가치를 찾으려고 한다. 세상을 회복시키는 것은 우리의 전문 기술이 아니다. 미래는 전문적인 기술에 달려 있는 것이 아니라 삶에 얼마나 충실한가, 그리고 그 삶을 얼마나 축복할 수 있는가에 달려 있다.

나는 의사로서 37년 동안 일해왔다. 그 경험을 통해 우리 삶의 어떤 요소도 봉사와 남을 섬기는 데 쓸 수 있다는 사실을 알게 되었다. 기쁨과 실패, 그리고 상실의 체험, 심지어는 병도 봉사하고 섬기는 데에 기여할 수 있다. 나는 많은 사람들이 다른 사람을 축복하는 데 이것들을 사용하는 모습을 보았다. 우리의 삶에서 일어난 어떤 일도 아무런 의미가 없는 것이 아니다.

세상을 치유하는 힘이 우리 안에 있다. 누군가가 우리를 축복할 때 우리는 우리 자신의 선(善)에서 끊임없이 우리를 소외시키는 두려움과 무기력함, 불신에서 해방된다는 것을 기억해야 한다. 축복이 우리를 자유롭게 해준다.

외할아버지께서 중병이 걸리셨던 때를 나는 지금도 또렷이 기억한다. 어느 날 오후였다. 외할아버지는 내게 죽음에 대해 설명해주셨다. 나는 그 말이 무슨 말인지 알 수는 없었지만 몹시 불안한 마음이 되었다.

"할아버지, 그게 무슨 말씀이에요?"

외할아버지는 가만히 내 손을 잡으셨다.

"네쉬메레야, 할아버지는 이제 다른 곳으로 가게 된단다. 하느님께 아주 가까운 곳으로 말이지."

나는 충격을 받고 슬픔에 휩싸여 아무 말도 할 수 없었다. 그래서 외할아버지의 손을 꼭 잡고 또렷한 목소리로 여쭈어보았다.

"할아버지, 할아버지를 만나러 그곳에 찾아가도 돼요?"

외할아버지는 희미하게 웃으셨다.

"안 된단다, 네쉬메레야. 하지만 늘 너를 지켜보마. 그리고 네게 축복해주는 사람들을 축복해줄 거란다."

그 후로 55년의 세월이 흘렀다. 그때 이후 나는 많은 사람들에 의해 축복을 받았다. 그 모든 사람들이 외할아버지의 축복을 받았으리라는 것을 나는 확신한다.

여러분들 모두에게도 그분의 축복이 있기를……

I
인생의 향기

1_ 축복을 받아들이기

우리들 대부분은 삶이 우리에게 부여한 축복을 온전히 받아들이지 못한다. 축복을 받아들이기 위해서 특별한 시간과 공간이 필요한 것도 아니다. 다만 우리 스스로 삶을 잡다한 것들로 채우고 있기 때문에 축복을 받아들일 여유를 가지지 못한 것뿐이다.

내가 만난 어느 환자는 우리 모두는 축복이라는 커다란 원에 둘러싸여 있다고 말했다. 그는 자신에게 떠오른 이 이미지가 공항에 착륙할 공간이 없어 선회하는 비행기와 같다고 했다. 신호를 기다리며 공중을 나는 비행기의 이미지는 우리가 받을 축복을 연상시킨다.

심각한 질병을 앓는 환자들은 병을 통해 커다란 깨달음을 얻곤 한다. 질병이 오히려 그들에게 생애 처음으로 마음을 열 기회를 가져온 것이다. 실상 그들은 오래전에 그들에게 주어진 축복을 받아들이는 길을 발견했는지도 모른다. 그런 사람들은 나에게 축복을 어떻게 받아들여야 하는지 가르쳐주었다.

　몇 년 전 나는 매 토머스라는 환자를 만났다. 매는 조지아에서 어린 시절을 보내고 나중에 오클랜드와 캘리포니아에서 살았다. 그녀는 일생을 참 열심히 산 사람이다. 자신의 일곱 자녀를 기른 후에 손자들을 돌보기 위해 식당에서 접시 닦는 일까지 했다. 내가 그녀를 만났을 때 그녀는 이미 매우 나이가 많았고 암 투병 중이었다.

　그녀는 삶을 어떻게 살아야 하는지 그리고 인생이라는 잔치의 축복을 어떻게 받아들여야 하는지를 아는 사람이었다. 그녀의 웃음은 순도 백 퍼센트의 순수한 기쁨을 드러내는 것이었다. 그녀의 웃음소리를 들으면 웃을 때 어떻게 웃어야 하는지 깨우치게 된다. 그녀를 생각하는 것만으로도 저절로 미소가 떠오른다. 그녀의 병세가 악화되었을 때 나는 이틀에 한 번 꼴로 전화를 걸어 안부를 물었다. 그럴 때마다 그녀의 대답은 한결같았다. 그녀는 시종일관 저는 축복을 받았어요, 선생님. 저는 축복을 받았습니다라고 평온한 어조로 말하곤 했다.

　내가 마지막으로 전화를 건 것은 그녀가 임종하기 바로 전날 밤이었다. 가족 중 누군가가 전화를 받았고 그녀를 바꿔주었다. 나는 수화기를 통해 암 세포로 가득 찬 그녀의 폐에서 나오는 기침 소리와 가래 끓는 소리를 들었다. 그녀는 숨을 헐떡이며 내게 한마디라도 말을 하려고 노력하고 있었다. 나는 흐르는 눈물을 주체하지 못하면서 말했다.

"매, 레이첼이에요. 좀 어때요?"

간신히 숨을 몰아쉬면서 그녀는 이렇게 말했다.

"저는 축복받은 사람입니다, 선생님. 저는 정말 큰 축복을 받았어요."

죽음이 임박한 상황에서도 그녀는 진정 축복받았다고 말했다. 그렇다면 우리들 모두는 축복을 받은 것임에 틀림없다.

철학자인 마틴 부버는 우리의 삶 자체가 거룩한 것이며 존재하는 자체가 바로 축복이라고 했다. 부버의 말이 사실이라면 우리가 인생의 축복을 받아들이지 못할 어떤 이유도 없다. 하지만 우리는 축복이 주어질 때 그것을 알아보지 못한다. 어째서일까? 우리가 축복을 과거라는 냉동고 속에 집어넣고 꽁꽁 얼려버렸기 때문이다. 우리는 현재 우리에게 주어지는 무한한 축복을 지나쳐 보내버린다. 그 때문에 우리는 축복의 한가운데 있으면서도 공허함만을 맛보는 것이다.

우리 자신이 축복을 받았다는 느낌을 가질 때에만 우리는 누군가를 축복해줄 수 있다. 삶의 축복을 받아들인다는 것은 보다 나은 삶을 살아가는 법을 배우는 것이 아니다. 그것은 이 삶을 어떻게 즐기는가 배우는 것이다. 축복을 받기 위해서는 우리의 삶을 있는 그대로 받아들여야 한다. 또한 우리의 삶에서 간혹 일어나는 이해할 수 없는 면을 받아들일 필요가 있다. 이것은 삶에서 기쁨을 발견하는 눈을 키워 나간다는 의미이기도 하다. 세상을 바로잡기 위해서 무엇이 잘못되었는가를 알 필요는 없을지도 모른다. 우리에게 가장 중요한 것은 있는 그대로 우리 자신을 받아들이는 겸손이다.

내 환자 래리는 이와 같은 사실을 모르던 사람 중 하나다. 지난 몇 달 동안 래리는 아내와 함께 상담을 받으러 오곤 했다. 마지막 상담 시간에 그의 아내가 혼자서 나를 찾아왔다. 나는 의아한 얼굴로 물었다.

"어째서 래리가 함께 오지 않았지요?"

그의 아내는 침울한 목소리로 대답했다.

"우리가 나오려고 할 때 래리는 워싱턴에서 온 전화를 받았어요. 제가 집을 나올 때까지도 그는 전화통을 붙들고 있었지요."

"수요일에는 일을 하지 않기로 분명히 약속하지 않았던가요?"

그녀는 나를 바라보더니 미소를 지으면서 말했다.

"저는 그와 헤어지기로 결심했어요. 선생님께 상담을 받으면 그가 저와 아이들에게 관심을 갖고 가족의 자리로 돌아올 수 있을 것이라고 생각했어요."

마음이 무겁게 가라앉았다. 내가 그를 처음 만난 것은 10년 전이었다. 당시 그는 호지킨병이라는 악성 림프종 진단을 받았다. 그때 그는 스물아홉 살 청년으로 유능한 주식 중개인이었다. 의사의 선고는 그가 모든 것을 손에서 놓아야 한다는 의미였다. 서로를 깊이 사랑한 그와 아내는 지독한 항암 치료를 견디며 병을 상대로 싸워나갔다. 아이들도 무척 어렸고 그가 살아야 할 이유는 충분했다. 그러나 항암 치료가 끝난 지 불과 여덟 달 만에 다시 암이라는 친구가 그를 찾아왔다. 이번에는 골수 이식 수술을 받아야 했다. 당시 수술 성공률은 절반으로 이 수술을 받은 두 사람 중 하나는 다시 소생하지 못했다. 그는 진정으로 삶을 사랑했고 가족을 사랑했기 때문에 기꺼이 수술을 받았다. 생명의 위험을 무릅쓰고 한 이 수술에서 그는 운이 좋은 사람 편에 속하게 되었다.

그는 이런 과정을 겪으면서 전혀 다른 사람으로 변모했다. 당시 그는 내게 이렇게 말했다.

"삶에는 돈을 버는 것보다 더 많은 게 있다는 걸 알았어요."

새롭게 생명을 얻었다고 생각한 그는 자신의 남은 생을 보다 더 가치 있는 일을 하면서 보내기로 결심했다. 그는 주식과 증권의 세계를 떠나 환경 보존이라는 일에 뛰어들었다.

자연과 환경 보존이 조금씩 현대인들의 관심 대상이 되던 때였다. 10년 동안 래리는 완전히 환경 문제에 몰입했다. 그는 일주일에 50시간을 일에 매달렸다. 그러더니 일주일에 60시간을 일하게 되었다. 날마다 출장을 가야 했고 집에 머무는 날에는 팩스와 이메일 등으로 밤늦게까지 일에 몰두했다. 당연히 먹고 자는 일도 불규칙적이 되었다. 자신을 위한 휴식 시간을 갖지 않았을 뿐더러 가족과 제대로 된 대화를 나눌 겨를이 없었다. 일에 몰두하느라 그는 자신의 몸 상태가 거의 쓰러지기 직전 상황까지 왔다는 것도 잊었다. 그런데도 늘 해야 할 일은 산더미처럼 쌓여 있었다. 언제나 새로운 계획과 구상이 그의 눈앞에 있었다. 처음에는 서운함을 느끼던 가족들도 점차 그의 빈자리를 당연히 여기며 삶에 적응해갔다.

나는 래리의 아내에게 말했다.

"내가 꼭 래리를 보아야겠다고 전해줘요."

그녀는 고개를 끄떡이면서 침울하게 말했다.

"이혼하겠다는 말을 먼저 한 후 선생님의 말을 전해드릴게요."

며칠 후 래리가 나를 찾아왔다. 나는 그의 초췌한 모습에 매우 가슴이 아팠다.

"캐럴에게 저를 보자고 하셨다면서요."

"그래요, 만나고 싶다고 했어요. 캐럴이 당신과 헤어지겠다고 하더군요."

갑자기 래리는 울기 시작했다.

"선생님, 10년 전에 저는 생명을 잃을 뻔했습니다. 그때 제게는 삶이 있었는데 지금은 삶을 잃어버린 것 같군요."

"래리, 10년 전을 돌이켜보면 어땠지요?"

"절망적이었습니다. 생명이 손가락 사이로 빠져나가고 있었지요. 남은 시간이 얼마 없기 때문에 매우 초조하다고 느꼈어요."

그는 잠시 입을 다물고 생각에 잠기더니 이윽고 말했다.

"지금 저는 제 생명이 손가락 사이에서 빠져나가는 것처럼 지구가 죽어가고 있다는 것을 느껴요. 그래서 우리에게는 또 다른 기회가 없을지도 모른다고 생각했어요."

우리는 침묵 가운데 서로를 바라보며 마주 앉아 있었다. 나는 래리의 선한 눈동자를 바라보며 깊은 연민을 느꼈다.

"래리, 가족과 함께 식사를 한 것이 언제지요?"

그는 고개를 저었다.

"기억이 나지 않아요."

"자명종을 맞춰놓지 않고 잠자리에 든 것이 언제지요?"

그는 여전히 고개를 가로저었다.

"아이들에게 기타를 쳐주거나 이야기책을 읽어준 게 언제인지 기억해요?"

"아니오, 아니오, 선생님. 기억하지 못해요."

그는 기어들어가는 소리로 말했다.

"래리, 당신 자신의 삶을 이런 식으로 살면서 환경 보전, 생명

보전 운동을 하는 게 말이 된다고 생각해요?"

그는 고개를 숙이고 앉아 있다가 가로저었다. 그리고 다시 울기 시작했다.

"이제는 그 일을 계속해나갈 수 없을 것 같아요."

나는 그가 하는 일이 얼마나 중요한가를 이해하고 있다고 말해주었다. 그는 침묵 속에 가만히 고개를 끄떡였다.

"환경 보전 운동을 하는 그 일이 당신을 행복하게 하나요?"

그는 혼돈스러운 표정을 지으며 나를 바라보았다.

"그 일이 저를 행복하게 하느냐고요? 봉사로 하는 그 일은 희생을 필요로 하지요."

과연 그럴까? 아마도 그렇지 않을 것이다. 우리는 진정한 봉사의 가장 기본적인 원리를 비행기를 한 번 타는 것만으로도 배울 수 있다. 1년에 몇백만 마일을 여행하기 위해 비행기를 타는 래리는 몇백 번도 더 그 원리를 가르쳐주는 말을 들었으면서도 자기 자신에게는 적용시키지 못했다. 비행기가 이륙하기 직전 스튜어디스는 기내 방송을 한다.

"기체가 압력을 잃으면 산소 마스크가 위에서 떨어질 것입니다. 그러면 옆에 있는 사람을 도와주기 전 먼저 당신의 마스크를 착용하십시오."

봉사란 모든 생명이 우리의 보호와 헌신을 받을 가치가 있다는 전제 아래에서 이루어져야 한다. 래리의 경우에 봉사의 의미를 모든 생명에게 적용시키면서도 정작 자기 자신의 생명과 자기의 가족들에게는 두지 않았다.

진정으로 생명을 축복하려면 먼저 자신의 삶을 축복으로 채워야 한다. 그렇게 해야 그 축복이 넘쳐서 다른 사람들에게로 흘러갈 수 있다는 사실을 래리는 깨닫지 못했다.

2__축복의 기도

 어린 시절, 나는 금요일 오후마다 학교 수업이 끝나면 곧장 외할아버지 댁으로 가곤 했다. 외할아버지는 언제나 식탁에 차를 끓여놓으시고 나를 기다리셨다. 외할아버지는 사람들에게 차를 대접하는 그분만의 고유한 비법을 가지고 계셨다. 외할아버지에게는 찻잔과 받침 접시, 알갱이가 굵은 설탕이나 꿀을 담는 그릇이 없었다. 대신 러시아 가정에서 흔히 쓰는 물 주전자인 사모바르에서 직접 차를 끓여 유리 잔에 따르셨다. 티스푼으로 물을 저어 조금씩 식혀가며 잔에 따르셨다. 그렇지 않으면 얇은 유리 잔이 깨질 것이기 때문이었다.
 외할아버지는 차를 마시는 방법도 다른 사람들과 달리 독특했다. 각설탕을 이 사이에 물고 유리 잔으로 차를 드셨다. 나도 외할아버지를 따라 그렇게 했다. 나는 집에서 차를 마시는 방법보다 이 방법을 더 좋아했다.
 차를 다 마시면 외할아버지는 촛대를 두 개 식탁에 올려놓고 거기에 불을 붙이셨다. 그리고 히브리어로 짧은 기도를 하셨다. 때로는 큰 소리로 기도하실 때도 있었고 눈을 감으신 채 고요히 묵상에 잠기기도 하셨다. 그때 나는 외할아버지가 하느님과 대화를 나누고 계신다는 것을 느낄 수 있었다. 한 주의 가장 소중한 순간이 시작되고 있음을 알았기 때문에 가만히 앉아서 참을성 있게 기다렸다.

외할아버지께서 하느님과 나누는 대화가 끝나면 나를 향해 몸을 돌리시고 "어서 와라, 네쉬메레야" 하고 부르셨다. 외할아버지는 두 손을 내 머리에 가볍게 얹으시고 축복의 기도를 해주셨다. 나와, 당신이 나의 외할아버지라는 것에 대해 하느님께 감사의 기도를 시작하셨다. 특별히 지난 한 주 동안 내가 겪어야 했던 어려움에 대해서도 언급하셨다. 외할아버지는 항상 나에 대한 무엇인가를 말씀하셨다. 그 때문에 나는 금요일의 기도 때마다 외할아버지가 무슨 말씀을 하시는지 기다려졌다. 내가 잘못을 저질렀을 때는 진실을 말할 수 있는 정직성에 대해 언급하셨다. 내가 어떤 일을 제대로 하지 못했을 때는 내가 얼마나 열심히 노력했는지에 대해 말씀하셨다. 내가 한밤중에 등불 없이 잠을 잤을 때에는 캄캄한 어둠 속에서도 잠을 잘 수 있는 용기에 대해 칭찬하셨다. 그런 후에 나에게 축복을 주시고 성서에 나오는 사라, 레베카, 레아 등의 여인들에게 나를 보호해주기를 청하셨다.

매주 돌아오는 이 짧은 시간이 나에게 완전한 평화와 휴식을 느끼게 하는 유일한 시간이었다. 의사와 간호사로 전문직에 종사하는 나의 부모님은 항상 내게 더 많이 공부하고 더 잘하기를 바라셨다. 그 정도면 충분하다는 그런 칭찬은 아예 없었다. 내가 시험에서 98점을 받았을 때 아버지는 항상 나머지 2점은 어디에 잃어버렸느냐고 물으셨다. 어린 시절 내내 나는 잃어버린 2점을 찾기 위해 고군분투했다. 외할아버지만은 그런 것을 전혀 문제 삼지 않으셨다. 그분에게는 있는 그대로의 나로 충분했다. 외할아버지와 함께 있을 때 나는 그것을 확연하게 느낄 수 있었다.

외할아버지는 내가 일곱 살 때 돌아가셨다. 나는 한 번도 외할아버지가 계시지 않는 세상을 생각한 적이 없었기 때문에 무척 힘들었다. 그분은 어느 누구도 가지지 않은 따뜻한 눈빛으로 나를 바라보셨다. 그리고 누구도 부르지 않는 '네쉬메레'라는 특별한 이름으로 나를 부르셨다. 그것은 '사랑스러운 작은 영혼'이라는 뜻이었다. 나는 외할아버지를 통하지 않고 하느님께 내가 누구인지에 대해 말씀드리는 것이 몹시 두려웠다. 마치 내가 어디론가 사라져버린 느낌이었다. 점차 시간이 흐르면서 나는 그분의 눈을 통해서 나 자신을 바라보는 법을 배웠음을 깨우쳤다. 그것은 하나의 신비였다. 우리가 누군가에게 한 번 축복을 받았다면 그 축복은 영원히 지속되는 것이다.

세월이 흘러 어머니가 외할아버지의 연세가 되셨을 무렵이었다. 어느 날 어머니가 외할아버지가 그렇게 하셨던 것처럼 촛불을 켜고 고요히 앉아 하느님과 대화를 나누는 것을 보고 나는 적이 놀랐다. 나는 이 축복의 기도가 무엇을 의미하는지 여쭈어보았다. 어머니는 나를 바라보고 슬픈 듯한 미소를 지으며 말씀하셨다.

"레이첼, 하루도 빠지지 않고 너를 위해 축복의 기도를 드렸단다. 단지 그것을 소리내어 할 만큼 지혜롭지 못했고 용기가 없었지."

3__천사와의 레슬링

매우 고통스러운 상처를 입었을 때 우리는 진정한 삶과 첫 대면하는 순간을 만난다. 그 순간 삶이 어떤 힘을 지니고 있으며 앞으로 어떻게 펼쳐지는가를 성찰하게 된다. 상처를 입은 바로 그 순간 우리는 삶을 제대로 살 수 있는 지혜를 발견한다. 그리고 전혀 기대하지 않은 방법으로 우리가 누구인지, 삶이 어떤 것인지를 깨닫는다.

외할아버지가 내게 들려준 마지막 이야기는 야곱이 강둑에서 혼자 자다가 누군가에게 공격을 받은 이야기였다. 여행 중인 야곱은 안전한 곳을 찾아 음식도 준비하고 잠자리도 마련하려고 가던 길을 멈추었다. 야곱은 잠이 들었다가 깨어났을 때 자기가 무쇠 같은 팔을 지닌 자에게 붙잡혀서 뒹굴고 있다는 것을 알게 되었다. 캄캄한 어둠 속에서 야곱은 누구인지 볼 수는 없었지만 상대가 엄청난 힘을 지니고 있다는 것을 알았다. 그는 온 힘을 다해 상대의 손아귀에서 빠져나오려고 했다.

궁금증을 참지 못한 나는 외할아버지께 여쭈었다.

"무서운 꿈이었어요? 할아버지?"

그 당시 어린 나는 자주 악몽에 시달리곤 했다. 그래서 늘 불을 켜놓은 채 잠을 잤다. 나는 외할아버지께로 다가가 손을 잡았다.

"아니란다, 네쉬메레야. 그것은 꿈이 아닌 실제였다. 야곱은 상대가 숨을 몰아쉬는 소리를 들었단다. 그가 입은 옷의 촉감도 느낄 수 있었고 냄새도 맡을 수 있었지. 야곱은 아주 힘이 센 사람이었지만 아무리 용을 써도 그 자의 손아귀에서 빠져나올 수도 거꾸러뜨릴 수도 없었단다. 두 사람은 정말 잘 어울리는 맞수로 밤새 뒹굴며 싸움을 해도 판가름이 나지 않았어."

나는 초조한 마음으로 물었다.

"할아버지, 얼마나 오랫동안 싸웠는데요?"

"아주 오랫동안 싸웠단다. 동이 터오고 날이 밝자 야곱은 자신이 천사와 싸움을 하고 있었다는 것을 알게 되었지."

나는 놀라서 물었다.

"할아버지, 날개가 달린 진짜 천사 말이에요?"

"네쉬메레야, 그가 날개를 지녔는지는 잘 모르지만 진짜 천사임에는 틀림이 없었단다. 날이 밝아오자 천사가 야곱을 놓아주고 떠나려고 했지. 그러나 야곱이 재빨리 그를 붙잡았단다. 천사는 날이 밝아오니 놓아달라고 말했지. 야곱은 저를 축복해주기 전에는 결코 놓아드릴 수가 없습니다라고 했단다. 이번에는 천사가 그의 손아귀에서 벗어나려고 애썼지만 야곱은 더욱 단단히 붙잡았지. 결국 천사는 야곱에게 축복을 빌어주고야 떠났지."

나는 안도의 숨을 쉬고 물었다.

"그래서 천사가 떠났어요? 그게 끝이에요?"

외할아버지가 대답했다.

"그래. 그런데 야곱이 천사와 레슬링을 하는 중에 다리를 다쳐 상처를 입었지. 천사는 떠나기 전에 상처 입은 곳을 어루만져 주었단다."

내가 다쳤을 때 엄마가 그렇게 해주시기 때문에 나는 곧 이해하고 자신 있게 말했다.

"상처를 낫게 하려고 그렇게 했지요? 할아버지."

그러나 외할아버지는 고개를 가로저으면서 말씀하셨다.

"네쉬메레야, 할아버지는 그렇게 생각하지 않는단다. 천사는 야곱에게 상처가 그곳에 있다는 것을 알려주려고 어루만져주었단다. 야곱은 남은 생애 동안 늘 그 상처를 지니고 살았지. 천사를 만난 기억을 상기시켜주는 잊지 못할 상처였어."

나는 그 이야기를 다 이해할 수 없었다. 어떻게 천사를 적과 혼동할 수 있었을까? 그러나 외할아버지는 이러한 사건은 우리에게 항상 일어나는 것이라고 말씀하셨다. 그리고 그것이 이 이야기의 중요한 점이 아니라고도 말씀하셨다.

"이 이야기의 가장 중요한 점은 모든 것 안에 그 나름대로 축복이 있다는 사실이란다."

외할아버지는 당신이 돌아가시던 그 해에 내게 이 이야기를 여러 번 해주셨다. 그로부터 8, 9년이 흐른 후에 전혀 예기치 않은 병이 찾아왔다. 나는 심한 내출혈이 있어서 의식 불명 상태로 응급실에 실려 갔다. 여러 달 동안 병원에 입원해야 했고 절망 속에서 병마와 여러 해 동안 투쟁해야 했다. 그때부터 45년 동안 나는 병을 지니고 살아왔다.

지금 이 모든 것을 되돌아볼 때 나는 외할아버지께서 죽음에 임박해 이 이야기를 들려주신 것은 내 삶의 나침반이 되도록 배려하신 것이라는 생각을 한다. 이 이야기는 이해하기 힘든 수수께끼 같다. 적이 있는가 하면, 거기 또한 축복이 있는 이야기다. 적을 가게 하거나 내가 적으로부터 도망치고 싶은 유혹을 물리치기가 얼마나 어려운가! 우리는 얼마나 적과의 싸움을 끝내버리고 평온한 삶으로 돌아오고 싶은가!

삶이 그렇게 간단하다면 좋으련만 언제나 그렇지 않다는 것을 깨닫게 된다. 아마도 우리는 적을 만나서 그곳에 감추어져 있는 축복을 발견하기까지 용기 있게 붙잡고 싸움을 계속할 때에만 진정한 삶을 사는 지혜를 얻게 될 것이다.

4 __ 인생의 향기

1944년, 여섯 살이던 나는 프랭크 삼촌의 진료실에서 재생생리학에 관한 책 한 권을 보게 되었다. 당시 삼촌은 내과 전문의로 개업한 상태였다. 그 책은 의학에 관한 일반 교과서였다. 내가 읽기에는 어려운 책이었지만 여섯 살배기인 나는 책 속의 그림들이 무엇을 나타내는지 알 수 있었고 그 그림들은 나의 호기심을 자극했다. 나는 책에서 그 부분을 찢어내어 학교에 가져가 친구들에게 보여주었다. 당시 우리는 초등학교 1학년이었다.

이 일로 인해 엄마가 일하다 말고 학교로 불려오셨다. 나는 엄마가 학교에 도착하실 때까지 교장 선생님의 집무실 밖에서 기다려야 했다. 전에는 이런 일이 한 번도 없었기 때문에 무슨 일인지 잘 모르면서도 기분이 언짢았다. 가정 간호사인 엄마는 환자를 돌보아야 하는 시간에 학교에 와야 했다.

엄마가 도착하신 후에야 모든 것이 분명해졌다. 교장 선생님은 내게 몹시 화가 나 있었다. 그는 엄마에게 내가 무슨 일을 저질렸는지를 말씀하셨다. 교장 선생님은 내가 그림을 보여준 학생들에게 잘못을 빌고 엄마는 부모들에게 사과 편지를 써야 한다고 하셨다. 그리고 내게 잘못에 상응한 처벌이 있을 것이라고 말했다.

교장 선생님의 말투가 너무나 격앙되어 있어 나는 몹시 두려웠다. 그러나 엄마는 차분한 목소리로 내가 무슨 잘못을 저질렀는지 설명해달라고 하셨다. 교장 선생님은 흥분한 목소리로 내가 급우들에게 사진을 보여주면서 무슨 말을 했는지 엄마에게 그대로 말하라고 말씀하셨다. 나는 엄마에게 성 관계를 묘사한 그림을 보여주면서 아이들에게 했던 말을 그대로 했다. 엄마는 교장 선생님에게 말씀하셨다.

"저는 무엇이 잘못되었는지 전혀 이해가 되지 않는데요?"

엄마의 목소리는 매우 침착했다.

"이것이 사실이 아니라고 말씀하고 싶으신 건가요? 이 그림은 모두 사실을 묘사한 것이에요. 교장 선생님, 무엇이 잘못되었나요?"

엄마는 집에 돌아와서 나에게 책을 찢은 것에 대해서 삼촌에게 용서를 청하라고만 말씀하셨다. 삼촌은 사건의 자초지종을 들으시더니 아주 크게 하하하 하고 웃으셨다.

가족들은 이 일에 대해 누구도 나를 야단치지 않았지만 나는 왠지 쑥스러움을 느꼈다. 내가 아무것도 잘못하지 않았다면 어째서 교장 선생님께서 그토록 화를 내셨을까? 온 가족이 아무 말도 하지 않았지만 나는 모두 이 일을 알고 있다고 생각했다. 외할아버지까지도 알고 계신 것 같아서 우울한 기분이 되었다.

몇 주가 지난 후에 외할아버지께서 안식일에 대해 이야기를 해주셨다. 안식일이란 하느님께서 사람들에게 일을 하지 않도록 명하신 날이다. 이날만은 사람들은 모든 근심과 걱정에서 벗어나 하느님 속에서 사랑하는 사람들과 함께 지내야 한다. 외할아버지는 나를 바라보며 말씀하셨다.

"우리는 날마다 의식주를 해결하고 또 어려운 사람들을 돕기 위해서 부지런히 일해야 한다. 사람들은 일 때문에 지치게 마련이란다. 네쉬메레야, 그래서 하느님께서는 우리에게 상으로 안식일을 주신 것이란다. 안식일에는 우리 모두 푹 쉬어야 하지."

이것은 당시 우리 집의 상황과는 다른 것이었다. 그래서 나는 외할아버지에게 여쭈었다.

"할아버지, 안식일이 정확하게 언제예요?"

외할아버지는 안식일은 금요일 해가 넘어간 후에 시작하여 토요일 해가 진 다음에 끝난다고 설명해주셨다.

"그러면, 잠자는 시간에 들려주는 이야기로 안식일이 끝나는 거예요?"

외할아버지는 웃으면서 말씀하셨다.

"아니란다. 안식일은 축복의 기도로 끝난단다. 사람들은 세

개의 초를 꼬아서 하나로 만든 특별한 초에 불을 켜지."

외할아버지는 세 가닥으로 땋아 내린 내 머리카락을 손으로 들어 보여주면서 설명해주셨다. 나는 아직까지 그런 초를 본 적이 없었다. 그래서 사람들이 어째서 아침마다 엄마가 땋아주시는 내 머리 같은 모양으로 초를 만드는지 의아했다. 나는 호기심에 가득 차 외할아버지께 다시 여쭈었다.

"할아버지, 사람들이 왜 그런 모양의 초를 켜나요?"

"글쎄다. 언제부터인지 모르지만 아주 오래전부터 그렇게 해 왔단다. 내 생각에 세 개의 초는 우리의 생각과 감정과 몸을 나타내는 것 같구나. 그리고 촛불을 켜는 것은 우리의 영혼을 밝히기 위해서라고 생각한단다."

나는 잠시 동안 생각한 후에 물었다.

"할아버지, 사람들은 안식일이 끝나면 다시 힘들게 일해야 하기 때문에 슬퍼하나요?"

외할아버지는 웃으시더니 서재의 책상 위에 놓여 있는 나무 상자를 가져오라고 하셨다. 높이가 30센티미터 가량 되는, 성곽 모양의 상자에는 작은 창과 탑, 펄럭이는 깃발이 조각되어 있었다. 바라보는 것만으로도 기분이 좋아지는 아름다운 상자였다. 상자에서는 달콤한 향내가 풍겼다.

외할아버지는 상자를 바라보시면서 아주 고요한 얼굴로 생각에 잠겨 먼 곳으로 잠시 동안 떠나신 것처럼 느껴졌다. 나는 외할아버지의 의자에 몸을 기대고 가만히 기다렸다. 이윽고 외할아버지는 나를 바라보시더니 이렇게 말씀하셨다.

"이 작은 상자에는 향이 들어 있단다."

외할아버지가 상자 뚜껑을 열자 계피 냄새와 흡사한 달콤한 향기를 맡을 수 있었다.

"안식일이 끝나면 가장은 이렇게 향이 든 상자를 식구들에게 한 사람씩 건네주면서 하느님이 창조하신 이 땅의 향내를 맡는단다."

"할아버지, 왜 그렇게 하는데요?"

외할아버지는 반짝이는 눈으로 말씀하셨다.

"안식일이 끝나도 사람들이 슬퍼하지 않도록 하기 위해서지. 안식일이 아름답고 거룩한 것처럼 세상의 모든 일들도 아름답고 거룩하다는 것을 기억하도록 해주기 위해서란다."

나는 가만히 외할아버지의 말씀에 귀를 기울였다.

"이 세상은 일로만 이루어진 것이 아니란다. 하느님은 우리가 일도 해야 하지만 삶을 즐기기를 원하셨단다. 춤추고 먹고 마시고 또 우리가 이 세상에서 보고 듣고 겪는 체험 안에 모든 즐거움이 있단다. 그리고 인간에게는 서로의 몸을 통해 나누는 특별한 즐거움도 있단다."

그 말을 듣는 순간 나는 며칠 전의 일이 떠올라 얼굴이 빨개졌다. 머쓱한 얼굴로 외할아버지를 바라보았다. 외할아버지는 그 일에 대해서 전혀 언급하지 않고 계속 말씀하셨다.

"네쉬메레야, 네 친구들과 포옹할 때 네 마음이 어떤지 알고 싶구나. 서로의 마음이 느껴지면서 달콤한 느낌이 들지 않던? 이보다 더욱 달콤하고 즐거운 어떤 것이 있단다. 어른들은 아주 특별한 방법으로 서로를 안단다. 그러면 그들의 영혼이 만나게 되는 것이지."

외할아버지는 먼 곳으로 시선을 던지면서 부드럽게 말씀하셨다.

"네쉬메레야, 그 즐거움이야말로 하느님이 주신 가장 좋은 축복의 하나란다."

외할아버지의 말씀을 듣는 동안 그때까지 내 마음을 사로잡고 있던 칙칙하고 부끄러운 감정이 눈 녹듯 사라졌다.

내가 프랭크 삼촌의 책에서 찢어내 친구들에게 보여주었던 그림에 대해 외할아버지뿐만 아니라 하느님께서도 알고 계시다는 사실을 나는 알았다. 그러나 그 그림이 축복이라면 나는 아무것도 잘못한 게 없다는 생각이 들었다.

그 1년 후에 외할아버지께서 돌아가셨다. 얼마 뒤 나는 외할아버지의 상자가 보이지 않는 것을 알았지만 경황이 없어 누구에게 물어보지도 못했고 곧 그 상자를 잊게 되었다.

많은 세월이 흘러 어머니가 연로해지신 후에야 나는 그 상자에 대해 알게 되었다. 어머니는 어느 날 당신의 어린 시절에 대해 회상하시면서 외할머니 레이첼에 대해 들려주셨다. 어머니의 말씀에 의하면, 외할머니는 외할아버지가 평생 동안 사랑한 여인이었다.

"그런데 왜 할아버지는 할머니에 대해 한 번도 말씀을 하지 않으셨어요?"

"그래, 말씀을 하지 않으셨지. 할아버지는 마음속 깊이 할머니를 간직하고 싶으셨던 거란다."

외할아버지 부부는 정통 유대교의 법에 따라 결혼 생활을 하셨다. 유대교의 법은 한 달 중 두 주간만 부부가 같은 침대에서 잠을 잘 수 있다고 말한다. 아내가 생리를 시작하면 두 주 동안은 따로 독방에서 떨어져 있어야 했다. 그 기간이 끝나면 아내는 다른 여인들과 함께 미크바라고 부르는 공동의 목욕 의식에 참여해 기도하고 몸을 정결하게 한다. 그런 다음에야 남편의 품안에서 잠을 잘 수 있다.

다시 정상적인 부부 생활로 돌아오기 위해서 상대방에게 의사 표시를 하는 것에는 미묘한 문제가 따랐다. 유대 법에 따르면 남편이 설령 부인이라고 해도 여성의 얼굴을 바로 보아서는 안 되었다. 더구나 성에 대해 언급하는 것을 금기시했다. 어머니는 내 눈을 똑바로 바라보시며 말씀하셨다.

"그래서 당시의 여인들은 남편에게 다시 한 몸이 되기를 바란다는 각자만의 고유한 비법을 지니고 있었단다."

목욕의 의식이 끝나면 외할머니는 저녁에 외할아버지의 서재에 향이 든 상자를 가져다 두셨다. 어머니는 미소 띤 얼굴로 부드럽게 말씀하셨다.

"외할아버지는 탈무드 연구를 마친 후 향이 든 상자를 가지고 침실로 가셨지. 그러면 아이들은 무슨 일이 일어나고 있는지를 느낌으로 알았단다."

나는 깊이 감동을 받았다.

"그 상자가 작은 성곽처럼 생겼지요?"

어머니는 미소를 지으며 고개를 끄덕이셨다. 나는 어머니께 어린 시절 늘 외할아버지 서재에서 보았던 그 상자가 어디론가 사라졌다고 말했다. 어머니는 은은한 미소를 지으셨다.

"그것은 네 외할아버지와 함께 있단다."

어머니는 그때 일을 떠올리는 듯 애틋한 표정으로 말씀하셨다.

"할아버지께서 그 상자를 함께 묻어주길 원하셨지."

외할머니는 내가 태어나기도 전, 외할아버지가 아직 젊으실 때 돌아가셨다. 안타깝게도 외할머니는 25년 동안이나 외할아버지에게 작은 상자만을 남기셨다. 이제 외할아버지는 이 세상에서 하시던 공부를 마치셨고 2층의 침실로 들어가셨다. 두 분의 헤어짐은 이제 끝났고 외할아버지는 영원히 외할머니의 품에서 잠들어 계시리라.

5 __ 우리는 어디에서나 선생을 만난다

초등학교 3학년 때의 일이지만 나는 지금까지 그때의 장면을 선명하게 기억한다. 어머니와 함께 뉴욕 시내의 번화한 거리를 걷고 있었다. 거리는 홍수가 범람하듯 인파로 넘쳐서 어머니와 나는 많은 사람들 사이를 헤치면서 걸어야 했다. 그날은 내가 아이큐 검사에서 우수하다는 평가를 받아 특별반에 들어가게 된 날이었다. 새 담임 선생님은 우리들에게 우리가 특별반에 들어온 것은 대부분의 사람들보다 우수하기 때문이라고 했다. 많은 사람들 사이를 헤치고 나아가면서 선생님의 말씀을 떠올렸다. 겨우 여덟 살에 불과했지만 나는 자만심으로 가득 찼다. 그래서 어머니에게 담임 선생님이 우리에게 하신 말씀을 상기시키며 내가 매우 똑똑하다고 자랑스럽게 말했다. 엄마는 갑자기 걸음을 멈추고 내 눈높이까지 자세를 낮추시어 나를 바라보셨다. 우리가 멈춰 선 양쪽으로 많은 사람들이 지나가는 가운데 엄마는 말씀하셨다.

"우리 주변의 모든 사람들은 저마다 특별한 지혜를 지녔단다. 그들 모두가 어떻게 살아야 하는지, 어떻게 사는 것이 더 행복하게 사는 길인지, 사랑이 무엇인지에 대해 너보다 훨씬 많은 것을 알지."

나는 지나가는 어른들을 올려다보았다.

"엄마, 어른들이라서요?"

"반드시 그런 것만은 아니란다. 어른이 아니어도 누구나 그렇지. 그것이 세상의 이치란다. 모두가 저마다 고유한 지혜를 지니고 있단다."

나는 우리 곁을 스쳐 가는 사람들을 바라보았다. 그들 한 사람 한 사람의 친구가 되어 그들의 지혜를 배우고 싶다고 생각했다. 그날 어머니께 받은 가르침은 어린 시절의 다른 많은 추억과 함께 아득한 기억 저편으로 사라졌다.

의사가 되고 얼마 후에 꿈을 꾸었다. 그것은 너무나 강렬하고 생생해서, 이해할 수 없었음에도 그 꿈을 지금까지 뚜렷하게 기억한다.

꿈속에서 나는 어느 문에 기대어 있었다. 꽤 오랜 시간 그렇게 서 있었다. 사람들이 그 문을 지나갔다. 그들이 어디에서 오는지 어디로 가는지 알 수 없었지만 그것은 그다지 중요한 문제가 아니었다. 문에 선 나는 한 사람이 문을 지나갈 때마다 그들을 만났다. 그들은 문을 지나가다 말고 멈추어서 내 얼굴을 잠시 바라보고는 무엇인가를 내게 주었다. 그들이 내게 주는 모든 것은 다 달랐다.

"이것을 잘 간직하기 바라요."

그들은 그렇게 말하고는 내 곁을 지나갔다. 나는 말할 수 없는 감동으로 가슴이 벅차올랐다.

어쩌면 우리 모두가 문에 기대 서 있으면서 동시에 문을 지나가는 사람들인지도 모른다. 어떤 사람들은 전에 한 번도 만나지 않았던 사람들에게 자기의 어떤 것을 나누어준다. 어떤 사람들은 그 문을 지나 죽음의 길이나 또는 알지 못하는 누군가를 향해 나아간다. 우리는 누구나 살아가면서 무엇인가를 남기는 법이다. 꿈에서 깨어났을 때 나는 모든 사람의 삶에는 저마다 고유한 가치가 있다고 생각하게 되었다.

6 ___ 인생은 축복 그 자체

우리가 영적으로 깨어 있든 아니든 우리는 삶의 과정 속에서 부단히 우리 자신을 향상시켜 나간다. 그 과정 속에서 우리는 자신의 인격과 삶의 질을 높이기 위한 여러 가지 영적 지혜를 터득하게 된다. 기쁨을 통해서도 삶의 질을 향상시킬 수 있지만 때로 슬픔을 통해서도 보다 더 나은 삶으로 나아가는 특별한 방법을 배우게 된다. 우리들 모두는 삶의 어떤 시기에서든 온전한 인간으로 성숙할 수 있는 많은 기회들과 맞부딪친다.

우리가 어떤 삶을 산다고 하더라도 그 속에는 놀라운 삶의 지혜들이 숨어 있음을 발견하게 된다. 삶에서 일어나는 모든 것들이 우리에게 지혜를 가르쳐준다. 그러나 우리 모두가 그 속에서 지혜를 터득하는 것은 아니다. 삶은 우리에게 어린 시절 학교에서 수없이 들었던 말을 들려준다.

"깨어 있어라."

"주의를 기울여라."

주의를 기울인다는 것은 그렇게 간단하거나 쉬운 일이 아니다. 그러기 위해서는 어떤 기대나 지나간 과거 경험이나 이름표나 가면들에 의해 쓸데없는 방해를 받지 않아야 한다. 그것은 또한 우리가 쉽게 인생에 대해 결론을 내리거나 판단하지 않고 언제나 놀랄 준비를 하면서 열려 있음을 의미한다. 삶에 대해 단정이나 판단을 내리지 않고 삶 자체를 껴안을 용기를 지닌 사람들은 문득 삶에 대한 지혜를 발견하게 될 것이다. 우리에게는 단순히 삶을 있는 그대로 받아들이는 지혜가 필요하다.

때로 삶은 우리에게 고통을 요구할지도 모른다. 그러나 삶의 어떤 과정을 지날지라도 뒤돌아보면 그 과정을 통해 우리가 성숙해졌음을 알게 된다. 모든 사람들 안에는 성숙을 위한 씨앗이 뿌려져 있다. 우리가 할 일은 그 씨앗이 잘 자라도록 물을 주고 가꾸는 것이다.

얼마 전 티베트 불교 신자인 친구네 집에서 열린 모임에 참석했다. 우리는 그 친구의 스승인 게렉 린포크라는 스님에게서 설법을 들었다. 그는 신비스러운 기쁨이 전신에 넘쳐흐르는 아주 특별한 사람이었다. 그의 기쁨은 전염성을 지녔는지 우리 모두는 알 수 없는 기쁨에 젖어들었다.

설법의 주제는 '부처 안에서 은신처를 구하기'였다. 불교 신자가 아닌 나에게는 처음 듣는 말들이었지만 다른 사람들은 모두 알아들었다는 듯이 고개를 끄떡였다. 부처 안에서 은신처를 구한다는 말은 밖에서 부처를 찾는다는 게 아니라 우리 모두가 각자 자신 안에서 부처를 만난다는 뜻이라고 했다. 우리에게는 부처의 씨앗이 들어 있다고도 했다. 말하자면 우리 모두가 부처가 될 가능성과 능력이 있다는 것이다. 린포크 스님은 우리에게 깊이 숙고해보라고 하면서 잠시 설법을 멈추었다. 그가 말하는 의미를 완전히 이해할 수 없음에도 불구하고 그의 기쁨은 짚단에 떨어진 불씨처럼 우리 모두의 가슴을 기쁨으로 타오르게 했다.

그가 말하는 은신처가 무엇을 의미하는지는 알 수 없지만 나 자신과 모든 사람들 안에 내재할 것이라는 말에 공감이 갔다. 나는 그때까지 내 안에서 은신처를 구한다는 생각을 한 번도 하지 않았다. 무엇으로부터의 은신처인가? 나는 몹시 의아했다. 돌이켜 생각해보면 고통으로부터의 은신처가 아니었을까 생각한다.

부처의 씨앗이라는 것은 우리 모두가 지닌 지혜를 발견하는 능력이리라. 지혜는 우리가 얻어야 하는 어떤 것이 아니다. 지혜란 우리 자신이 점차적으로 그렇게 되어야 하는 어떤 것이다. 우리의 기본적인 인간성 안에 있는, 그것을 향해 나아가는 변화와 관련이 있다. 말하자면 연민의 마음을 지니는 것, 즉 사랑하고 용서하고 섬기고 나누는 능력을 키워가는 것이다. 삶은 그 자체로 우리 안에 있는 부처의 씨앗에 물을 준다. 지혜를 키워나갈 능력은 우리 삶의 과정을 통해 자연스럽게 성장한다.

　부처의 씨앗이 모든 사람들 안에 있다는 것을 깨닫게 되면 사람이나 사물을 대하는 우리의 시선이 달라진다. 우리 각자는 겉으로 드러난 것보다 훨씬 큰 존재다. 도토리라는 열매 하나만 해도 우리가 보고 만지는 빛깔과 무게와 단단함과 크기만으로는 절대 도토리가 지닌 무한한 비밀을 알 수 없다. 그 비밀은 측정할 수 있는 어떤 것이 아니다. 그것이 무르익을 때까지 우리는 기다려야만 한다. 때가 되면 자연히 그 모습이 드러나는 것이다.

　단단한 도토리 한 알이 흙에 심겨 상수리나무가 되어가는 과정을 우리가 알지 못한다고 한다면 한 알의 도토리는 우리에게 아무런 의미가 없을 것이다. 우리에게는 기다림의 시간이 필요하다. 도토리는 상수리나무로 자란다는 그 가능성에 의해 도토리로서의 존재 가치를 지닌다. 상수리나무가 될 수 있는 비밀스러운 힘이 없다면 도토리는 다만 작고 볼품 없는 죽은 알갱이에 불과할 것이다.

　우리의 본질은 우리 안에 심긴 부처의 씨앗, 즉 지혜를 성장시키고 지혜로 나아갈 가능성으로 인해 존재 가치를 가진다. 우리 중 누구도 겉으로 보이는 모습이 전부인 것은 아니다. 도토리 씨앗은 땅에 심겨 그 자신의 본질을 펼쳐나가기를 갈망한다. 상수리나무가 되기 위해 그에게 주어진 모든 기회를 이용한다. 마찬가지로 우리 안에는 보다 완전한 인간성과 지혜로 나아가려는 바람이 있다. 그것은 개개인에 따라 다르게 나타난다. 어떤 사람에게서는 현저하게 드러나는가 하면 어떤 사람에게서는 깊숙이 감추어져 있다. 어떤 사람에게서는 삶의 중심에 자리 잡고 있는가 하면 어떤 사람에게서는 삶의 주변에 놓여 있다. 그러나 분명한 것은 우리 모두에게 있다는 점이다. 모두가 인간 성숙을 향해 나아간다.

우리 중 어느 누구도 처음부터 지혜를 지니고 태어나지는 않는다. 나의 기억 속에서 외할아버지는 연로한 노인이었다. 내가 외할아버지를 처음 만났을 때 이미 오랜 삶의 경험을 통해 많은 것을 배운 후였다. 그 이전에는 다만 패기만만하고 총명한 구약 성서 학자였을지도 모른다. 정통 유대교 신자들이 그의 가르침을 법으로 받아들일 만큼 학문적인 권위를 지녔고 자신의 학문에 대단한 자부심을 지닌 랍비였다. 하지만 옳고 그름을 명확히 구분 짓는 흑백 논리의 시대를 산 사람들 중 한 사람이었다. 만약 내가 젊은 날의 그를 만났더라면 그토록 깊은 사랑과 존경을 드리지 않았을 것이다. 그분의 자녀들이 내가 가진 사랑과 존경을 그분께 가지고 있는지 나는 알지 못한다.

어머니가 자신의 어린 시절 추억에 대해 말씀을 해주신 적이 있다. 엄격한 정통 유대 법에 따르면 이미지가 새겨진 조각이나 장식품은 회당에서뿐만 아니라 집에서도 지니지 못하게 엄격히 금지되었다. 따라서 인형을 가지는 것도 금지되었다. 어머니나

이모는 어린 시절 절대 인형을 가질 수 없었다.

　마을의 한 여인이 두 불쌍한 자매에게 인형을 하나씩 선물했다. 얼굴은 자기로 만들어졌지만 머리카락은 진짜 머리를 붙인 푸른 눈의 예쁜 인형이었다. 어린 자매들이 이 인형을 갖게 된 것은 세상을 얻은 듯한 엄청난 사건이었다. 그런데 외할아버지가 그 사실을 아셨다. 매우 화가 난 외할아버지는 아이들에게서 인형을 뺏어 벽에 내동댕이치셨다. 인형은 산산조각이 나버렸다. 이미 일흔이 넘은 어머니는 이 말씀을 해주시면서 눈물을 흘리셨다.

　외할아버지가 가족을 데리고 미국으로 이민을 오게 된 과정과 지스킨드라는 미국 이름을 얻게 된 이야기를 들으면 젊은 날의 그분이 어땠는지를 짐작하게 된다.

　폴란드와 러시아에서 유대인 학살이 있기 몇 년 전의 일이었다. 외할아버지는 꿈을 꾸셨는데 너무나 불길한 꿈이어서 잠을 이룰 수가 없었다. 외할아버지의 꿈속에서 검은 날개를 단 죽음의 천사가 동유럽의 유대인 회당을 돌아다니면서 회당의 등불을 하나씩 껐다. 그분은 당시 거의 모든 회당의 이름을 알고 계셨다. 외할아버지는 회당의 불이 하나씩 꺼지는 것을 바라보며 공포와 전율을 느꼈다. 무슨 의미인지 이해할 수는 없었지만 꿈의 불길함이 뇌리에서 사라지지 않았다. 몇 주 후에 외할아버지는 다시 똑같은 꿈을 꾸었다. 그제야 그분은 그 꿈이 그곳을 떠나라는 메시지임을 알아챘다. 그분은 자기 가족뿐만 아니라 회당에 속한 사람들을 데리고 미국 이민 길에 올랐다.

당시 모든 이민자들이 그렇게 했듯이 뉴욕 주의 엘리스 섬에서 이민 수속을 밟았다. 외할아버지가 인터뷰를 하려고 이민국 직원 앞으로 가자 그는 이름이 무어냐고 물었다. 러시아에서 존경받는 랍비였고 유명한 학자였던 외할아버지는 그 이전에는 단 한 번도 그에게 그렇게 말하는 사람을 만난 적이 없었다. 외할아버지는 아무 말 없이 그를 쳐다보고만 있었다. 이민국 직원은 외할아버지가 자신의 말을 이해하지 못했다고 생각해 이번에는 이디시어로 다시 물었다. 이디시어는 유럽과 러시아의 유대인들이 쓰는 언어다. 주로 여자들이나 어린애들, 그리고 교육을 받지 못한 사람들이 쓰는 말이었다. 외할아버지는 그의 말을 알아들었지만 무시당했다는 생각 때문에 화가 난 나머지 등을 돌려 나와 버렸다.

그 장면을 눈을 감고 상상해본다. 검은 코트와 검은 모자를 쓴 젊은 유대 남자가 화가 난 얼굴로 등을 돌리고 걸어가는 모습을 떠올리면 그가 외할아버지라는 생각이 전혀 들지 않는다. 그로부터 45년 후에 다섯 살 난 손녀에게 사람에게 등을 돌리는 것은 하느님에게 등을 돌리는 것과 마찬가지라고 가르쳐준 바로 그분이라고 도저히 믿어지지 않는다.

당시 젊은 부인이었던 외할머니는 낯선 나라에서 불친절과 모욕을 겪으면서 울고 있는 여섯 아이들을 달래야 했다 그녀는 이디시어로 아이들에게 속삭이듯 말했다.

"쉬아, 쉬아, 쉐네 킨더, 쥐스 킨더."

그것은 '예쁜 아이들아, 사랑스러운 아이들아, 빨리, 빨리' 라는 뜻이었다. 화가 난 외할아버지에게서 아무런 말을 듣지 못한 무례한 이민국 직원은 외할머니의 말을 이름으로 오인했다. 그는 큰 소리로 "지스킨드, 그럼 다음 사람!"이라고 소리쳤다. 이렇게 해서 외할아버지는 이민 온 나라에서 랍비 지스킨드가 되었다.

젊은 시절의 외할아버지와 어린 시절 내 세계의 중심이 되었던 외할아버지를 연관시키는 일은 결코 쉽지 않다. 그러나 나는 이해할 수 있다. 시간이 흐르면서 그분은 조금씩 성장했고 지혜로 나아갔다. 내가 그분을 알게 될 무렵에 외할아버지는 율법에 씌어 있는 글자보다 그 정신이 훨씬 더 소중하다는 사실을 깨우치셨다. 하느님의 영은 관념이 아닌 우리의 영혼 안에 머무신다는 진리를 이해하신 것이다. 그분은 히브리어도 이디시어도 알지 못하는 어린 꼬마인 내게 마음으로 말씀하시는 방법을 아신 것이다.

우리 개개인은 자신의 영혼을 드러내는 과정에서 자신이 누구인지 성찰하게 된다. 영혼을 향한 과정은 우리를 관념이나 허상에서 자유롭게 하고 참 지혜로 나아가게 하는 투쟁의 길이다. 우리 모두는 지혜로 나아가고 더욱더 영적으로 성숙해지는 노정에 있다. 이것은 그냥 얻어지는 것도 아니지만 무조건 앞으로 나아간다고 해서 다다르게 되는 것도 아니다. 때로는 비틀거리고 때로는 어둠 속을 헤매면서 우리는 삶에서 주어진 모든 상황과 여건들 안에서 영적인 성장을 이루게 된다. 우리는 인내심을 가지고 견뎌야 하며 인간에 대한 깊은 연민을 지녀야 하며 주의를 집중해야만 한다.

죽음의 문턱에까지 갔다가 되돌아온 사람들은 우리 모두가 지혜를 향해 나아가며 더 잘 사랑하는 법을 배우는 중이라고 말한다. 우리들 각자가 부여받은 고유함으로 영적 성장을 이룰 때 우리는 세상의 빛이 되고 우리 주변의 사람들에게 축복의 존재가 된다.

7 __ 성의 실체

　1972년에 스탠포드 의과 대학은 '인간의 성'이라는 과목을 처음으로 개설했다. 첫 시간은 여러 시간 속강으로 이어졌다. 주로 여러 가지 성 관계에 관한 영화를 보여주는 방식이었다. 어떤 영화는 재미있었지만 어떤 영화는 슬펐다. 때로 아름다운 것도 있었지만 대부분의 영화는 적나라하고 난삽했다. 모두가 실제적으로 생생하게 묘사된 장면들이었다. 그 강의를 들은 후 우리 의대생들에게 성은 더 이상 신비스럽지 않았다. 그것은 그냥 밥을 먹는 것처럼 평범하고 진부한 것이 되어버렸다. 미래의 의사들에게서 성적인 자극에 대한 민감성을 경감시키기 위한 강의였다. 환자들에게 성 문제에 관해 이야기를 할 때 전문인으로서 담담하게 대하도록 한다는 취지였을 것이다. 이제는 미국의 거의 모든 의과 대학에서 '인간의 성'이라는 과목을 통해 그런 영화를 보여준다고 들었다.
　나는 인간의 성에 대한 의과 대학의 접근 방식이 성적 문제로 고통을 겪는 사람들에게 더 좋은 의사를 만들어낸다고 생각지 않는다. 오히려 반대다. 인간의 성이 지닌 비밀스러운 매혹과 신비에 대한 감각을 되찾는 데는 몇 년이 걸렸다. 내게 성은 어리석거나 터무니없는 것은 아니었지만 신비스러운 것도 아니었다.

의과 대학이 내게 성이란 하찮고 진부하다고 가르쳤다면 미국의 문화는 성은 오직 젊음의 것이라고 가르쳤다. 탱탱한 피부와 늘씬한 각선미를 지닌 여성과 근육질 남성만의 전유물이라고 역설했다.

오래전 하와이의 어느 바닷가에 앉아 있을 때였다. 나는 불과 6개월 전에 장의 일부를 잘라내는 큰 수술을 했다. 보조 장치 때문에 매우 헐렁한 옷을 걸칠 수밖에 없었다. 바닷가에는 해수욕을 즐기는 사람들이 많았다. 내 주위에서는 근육질 몸매를 자랑하는 잘생긴 남자들이 모여 앉아 담배를 피우며 이야기를 나누었다. 그들 옆에서는 섹시한 몸매의 아리따운 여자들이 햇볕에 몸을 태우거나 프레스비를 던지며 놀았다. 그들을 바라보자 눈물이 글썽거릴 정도로 나 자신이 초라하게 느껴졌다. 하지만 내 곁의 남성들은 대화에 열중하느라고 그랬는지 의외로 젊은 여자들을 쳐다보지도 않았다.

오후 3시경이었다. 바닷가의 간이 탈의실 문을 열어젖히고 긴 파마머리를 한 중년 여인이 나타났다. 그녀는 흰색 비키니를 입고 있었다. 흰색 비키니는 몸무게를 10에서 15킬로그램까지 적어 보이게 하는 효과가 있다. 그녀는 놀라울 정도로 자신만만한 걸음걸이로 천천히 모래사장을 가로질러 바다로 갔다. 그녀의 걸음걸이는 매우 우아했다. 대화에 열중하던 남자들이 입을 다물고 그녀에게로 눈길을 던졌다. 프레스비 놀이를 하던 젊은 여자들도 멈춰 서서 그 여자를 바라보았다. 나는 이 광경을 보며 완벽함과 진정한 성의 차이가 무엇인지를 배웠다.

진정한 성에는 그 자체로 치유의 능력이 있다. 그녀를 바라보면서 나 역시 여성으로서 당당할 수 있다는 생각을 가졌다. 그토록 당당하게 자신의 몸을 보여준 그 여자에게 감사한 마음이 들었다. 그 여자는 전혀 알지도 못하는 내게 여성으로 삶을 다시 시작할 수 있는 용기를 불어넣어주었다. 그 후로 30여 년 동안 나는 수많은 사람들을 만났다. 대부분 암 환자들이었다. 나는 그들이 자신의 고유한 성을 통해 한 인간으로서 모습을 나타내는 것에 깊은 감동을 받았다.

클래어도 그런 사람들 중 한 사람이다. 처음 만났을 때 그녀는 완벽 그 자체였다. 고가의 흰 실크 블라우스를 입은 그녀는 완벽한 몸매를 뽐내는 듯 자신만만한 표정이어서 나의 누추한 대기실과는 대조적이었다. 그녀는 내가 이름을 부르자 일어나서 내 손을 잡았다. 그녀는 말없이 나를 따라왔고 내 사무실 의자에 아름다운 긴 다리를 꼬고 앉았다.

  나는 미소를 머금고 그녀를 바라보았다. 갑자기 그녀가 울음을 터뜨렸다. 당당한 미모를 자랑하던 그녀가 터뜨린 울음은 전혀 예기치 않는 것이어서 나는 굉장히 놀랐다. 그래서 그녀에게 다가가 울고 있는 그녀의 손을 가만히 잡았다. 그리고 실컷 울도록 내버려두었다. 꽤 오랜 시간이 흐를 때까지 우리는 그렇게 앉아 있었다. 드디어 그녀가 울음을 멈추었고 눈물 방울이 맺힌 눈으로 나를 바라보았다.

  "놀라셨지요? 저도 몇 년 만에 이렇게 울었기 때문에 좀 창피하고 당황스러워요."

  "그렇군요. 그렇지만 아주 특별한 시간이었어요. 그래, 무슨 일이 있었는지 말해주겠어요?"

  그녀는 두 달 전 유방암 때문에 근치적 유방 절제술을 받았다고 했다. 수술은 잘 되어 경과가 좋은 상태라고 했다. 그녀는 20대 후반으로, 미모에 탄탄한 직장까지 가지고 있어 사람들에게 선망의 대상이었다. 수술을 받기 전까지 그녀는 자신의 몸매에 자신만만했다. 많은 남자들이 그녀에게 매혹되었다. 그녀의 삶에서 매력적인 남성들은 큰 비중을 차지했다. 그녀에게는 여러 명의 남자 친구가 있었다. 대부분 직장 동료들이었다.

  "이제는 모두 끝났어요. 저는 누구에게도 이런 몰골을 보여줄 수 없어요."

그녀는 수술 후 이미 두 명의 남자 친구에게 이별을 선언했다. 직장 동료나 친구들 중에서 그녀가 암에 걸린 것을 아는 사람은 아무도 없었다. 그녀는 비밀리에 수술을 하고 싶었기 때문에 유럽으로 휴가를 떠난다고 했다. 그리고 그곳에서 그들에게 엽서를 보낸 것처럼 꾸미기까지 하는 치밀함을 보였다. 부모님에게도 알리지 않았다. 하지만 혼자서 감당하기에는 너무나 벅찬 비밀이었다. 누군가 한 사람에게만은 있는 그대로의 자신을 드러내고 싶었다.

"선생님께 털어놓으니 너무나 후련해요. 자주 오고 싶지만 사람들이 의심할 거예요."

나는 그녀를 안심시켰다.

"필요할 때 언제든지 오세요."

그 후 몇 년 동안 나는 서너 달에 한 번 정도 그녀를 만났다. 외면상 그녀의 삶은 별로 달라진 것이 없었다. 일에 빠져 결혼을 하지 않는 여성처럼 보일 뿐이었다.

어느 날 그녀에게 계속 혼자 지낼 것인지 물어보았다.

"선생님, 5년이 지날 때까지 절대 결혼하지 않을 거예요."

내가 눈을 동그랗게 뜨자 그녀는 이렇게 설명했다. 그녀를 수술한 의사는 매우 보수적이었다. 그녀가 절개된 곳에 유방을 만들어 넣고 싶다고 하자 암 진단을 받은 후 5년이 될 때까지 기다려야 한다고 말했다.

"암이 재발할 경우에 대비해서지요?"

"네, 선생님. 5년이 지나도 재발이나 전이가 없으면 완치된 거라고 해요."

5년이 되려면 아직 1년이 조금 더 남았다. 상담 중에 그녀는 전시회를 보러 갔다가 만난 화가에 대해 털어놓았다.

"매력적인 사람이지만 연인이 되기는 힘들 것 같아요."

"어째서 그렇게 생각하죠?"

"그냥 친구로도 충분해요. 연인이 될 수는 없어요."

나는 들뜬 목소리 속에서 그녀가 매우 행복해함을 느낄 수 있었다.

"그를 계속 만날 건가요?"

"네. 그 사람과 함께 있으면 이상하게 마음이 편해져요."

그로부터 석 달 후의 상담에서도 계속 피터라는 이름이 튀어나왔다. 피터와 함께 동물원에 갔으며, 그의 작업실에서 작업하는 모습을 보았고, 그리고 그의 친구들을 만났다는 이야기가 대부분이었다. 클레어는 직장 동료들보다 화가나 조각가인 피터의 친구들을 더 좋아하게 되었다고 했다. 그들과 어울리는 것이 매우 즐겁고 행복하다고 했다. 나는 그녀도 창조적인 사람이라서 그럴 거라고 말해주었다.

두 달 후 클레어가 갑자기 찾아와 상담을 요청했다. 얼굴이 몹시 어두웠다. 그녀는 우울한 목소리로 말했다.

"이제 모든 게 끝이에요, 선생님."

나는 암이 재발한 것이라고 생각해 가슴이 철렁 내려앉았다. 그러나 그녀가 끝이라고 한 것은 남자 친구와의 문제였다.

"피터가 주말 여행을 떠나자고 메시지를 남겼어요. 이제 그에게 사실을 털어놓아야 할 것 같아요. 선생님, 이제 모든 게 끝이에요."

나는 암이 재발한 것이 아니라 우선 안도의 숨을 쉬었다.

"클레어, 그렇지 않아요, 피터가 사실을 알게 되더라도 별 문제 없을 거예요."

"아니에요, 선생님이 그를 몰라서 그래요. 그의 삶에서는 미적 가치가 가장 중요해요. 그는 내 몸을 보면 놀라 자빠질 거예요."

나는 마음을 가라앉히고 차분하게 물었다.

"언제 이야기할 거죠?"

"오늘 밤 저녁을 함께하기로 했어요. 그때 말할 작정이에요."

그녀는 눈물을 글썽거렸다. 나는 그녀의 손을 잡았다.

"클레어, 내가 필요하면 늦게라도 전화해요."

그날 밤 내내 그녀에 대한 생각을 떨칠 수가 없었다. 하지만 그녀는 전화를 하지 않았다. 어떻게 되었는지 몹시 궁금했지만 다음 상담 때까지 기다렸다. 석 달 후 그녀는 환한 얼굴로 찾아왔다.

그녀는 미소를 지으며 말했다.

"선생님, 제가 그동안 너무 잘못 생각했어요. 피터를 너무 몰랐어요. 그는 나를 계속 만나고 싶어해요."

하지만 클레어는 피터와 친구 이상의 관계가 되는 것은 거부하고 있다고 했다. 절벽처럼 납작한 자신의 가슴을 생각하면 절대 그럴 수 없다는 것이었다.

"이제 5년이 되는 날이 6개월 정도 남았어요. 그때까지 기다려달라고 했어요."

5년이 되는 날을 며칠 앞두고 그녀가 찾아왔다. 매우 행복한 모습이었다. 나는 그녀의 상기된 표정을 보면서 유방 수술을 받게 된 것을 축하한다고 했다. 그녀는 방그레 웃으며 눈을 내리깔고 말했다.

"선생님, 저 수술 받지 않기로 했어요."

나는 적잖이 놀라 그녀를 유심히 바라보았다.

"클레어, 어떻게 된 거예요? 오랫동안 수술하기만을 기다려왔잖아요."

그녀는 가만히 나를 응시했다. 그러더니 천천히 블라우스의 단추를 열고 브래지어를 하지 않은 자신의 가슴을 보여주었다. 그녀의 왼쪽 가슴은 여전히 아름다웠지만 어두운 그림자가 짙게 드리워진 듯한 모습이었다. 놀랍게도 그녀의 오른쪽 가슴에는 수술 자국 대신 꽃 문신이 새겨져 있었다. 그 꽃들은 진짜 꽃과 똑같이 보였다. 연한 빛깔의 화려한 꽃들은 오른쪽 어깨까지 가득 피어 있었다. 그녀는 돌아서서 내게 등을 보여주었다. 꽃들은 등 뒤까지 피어 있었다. 마치 미풍에 흩날리는 듯 자연스러운 꽃 문신이었다. 그녀의 몸은 감동적일 정도로 아름다웠다. 작은 꽃 한 송이가 그녀 등의 움푹 파인 곳에 피어 있었고 그 바로 밑에 작은 글씨로 P라는 이니셜이 새겨져 있었다. 나는 충격으로 입이 다물어지지 않았다. 일종의 질투와도 같은 감정이 일 정도였다. 그녀의 존재는 무어라고 표현하기 힘들 정도로 매혹적이었다. 어떤 남자든 그런 여자를 꿈에서도 만날 수 없을 것 같았다.

그녀는 다시 옷을 입었고 단추를 잠그면서 말했다.

"피터가 그려주었어요. 이것 때문에 우리는 암스테르담까지 갔어요. 유방 재건 수술을 위해 모아두었던 돈은 신혼 여행에 썼어요, 선생님."

그녀는 수줍은 표정으로 얼굴을 붉혔다.

"레이첼 선생님, 저는 몹시 행복해요."

그날 그녀가 내게 한 말은 언제까지나 내 마음에 남아 있다.

"피터는 진짜 아름다움에 대해 가르쳐주었어요. 그에게는 한쪽 가슴이 없다는 것이 조금도 문제가 되지 않았어요. 진정한 아름다움이란 있는 그대로를 받아들이고 그것을 가꾸어 나가는 것이라는 사실을 깨닫게 해주었어요."

8 __ 레치얌—삶을 위하여!

    오래전 내가 어렸을 때의 일이다. 외할아버지는 내게 겨우 한 입 정도의 술이 담기는 작은 은 술잔을 주셨다. 리본 모양의 문양이 장식된, 러시아에서 이민 올 때 가져온 것이었다. 어느 날 오후 외할아버지는 식탁 의자에 앉아서 해묵은 책의 한 구절을 뽑아서 읽어주셨다. 그러고는 내게 그 구절을 암송하라고 하시더니 삶에 대한 이야기를 들려주셨다. 겨우 대여섯 살이던 나는 외할아버지의 말을 이해할 수 없어 별로 흥미를 느끼지 못했다. 외할아버지는 내 관심을 끌기 위해 벽장 뒤에 숨겨둔 포도주를 일종의 뇌물로 내주셨다. 내가 가진 작은 은 술잔에 포도주를 채워주시고 외할아버지는 축제 때 쓰는 큰 은 술잔에 포도주를 가득 따르셨다. 그러고 나서 잔을 부딪치며 건배하셨다. 그때까지 내가 아는 유일한 축하의 방식은 생일 축하 노래를 부르고 촛불을 끄는 것이었다. 나는 그보다도 외할아버지와 하는 건배를 더 좋아했다.

외할아버지는 건배를 나누는 전통적인 방법을 가르쳐주셨다. 잔을 부딪치며 히브리어로 "레치얌" 하고 외치는 것이다. 그 말은 '삶을 위하여'라는 뜻이었다. 외할아버지는 항상 힘찬 목소리로 "레치얌" 하고 외치셨다.

"할아버지, '행복한 삶을 위하여!'라는 거예요?"

내가 묻자 외할아버지는 고개를 저으셨다.

"네쉬메레야, 그냥 삶을 위해서라는 뜻이란다."

나는 도저히 그 말을 이해할 수 없었다. 외할아버지가 말씀하신 '삶을 위하여'라는 말의 진정한 의미가 무엇인지 알고 싶었다.

"그러면 기도문 같은 거예요?"

"아니, 아니란다, 네쉬메레야. 우리는 가지고 있지 않은 어떤 것을 청하느라 기도하지. 그러나 우리는 이미 생명을 지니고 삶을 살잖니."

"그렇지만 왜 포도주를 마시기 전에 꼭 이 말을 하세요?"

외할아버지는 아무 말 없이 사랑스럽다는 눈빛으로 나를 바라보시며 미소를 지으셨다. 나는 불쑥 한 가지 생각이 떠올랐다.

"할아버지, 그 말은 할아버지가 지어내신 거지요?"

외할아버지는 크게 웃으면서 아니라고 말씀하셨다. 천 년이 넘는 긴 세월 동안 유대 사람들은 포도주를 마시기 전에 건배를 나누면서 이 말을 했다는 것이다. 그것이 유대인의 전통이었다.

나는 여전히 궁금증을 참을 수 없었다.

"할아버지, 성경에 씌어 있나요?"

"네쉬메레야, 아니란다. 성경이 아니라 사람들의 마음 안에 씌어 있단다."

나는 그래도 납득할 수 없었다.

"레치얌은 우리의 삶이 아무리 힘들고 고통스럽고 부당하다고 생각되더라도, 삶은 거룩한 것이며 서로 축하하는 게 마땅하다는 의미란다."

외할아버지의 표정은 무척 경건했다.

"포도주를 마실 때마다 포도주 향의 달콤함을 맛볼 때면 우리의 삶이 그 자체로 축복이라는 것을 느끼게 된단다."

55년이나 지났지만 나는 아직도 외할아버지가 '레치얌'을 외치실 때의 모습이 생생하게 떠오른다. 가끔 그 모습을 떠올리는 것만으로도 기쁨이 가슴에 잔잔하게 물결치곤 한다. 유대인들의 삶의 역사는 무척이나 굴곡이 진 고난의 연속이었다. 그럼에도 불구하고 천 년이 넘는 세월 동안 늘 '레치얌'을 외칠 수 있었다는 사실에 감동을 받는다. 어쩌면 진정으로 상실과 고통을 체험한 사람만이 삶의 소중함과 경이를 깨닫고 '레치얌'을 외칠 수 있는지도 모른다.

'레치얌'은 삶을 사는 하나의 특별한 방식이다. 나는 어른이 되어가면서 삶을 축하하는 것을, 삶의 방식에 대한 지혜를 잃어버리게 되었다. 이제야 사람들을 만나면서 '레치얌'의 의미를 새롭게 터득하고 있다. 지난 몇 년 동안 암 환자들과 상담을 하는 동안 그들 중 많은 사람들이 상실과 고통에도 불구하고 새로운 삶을 선택하는 모습을 보았다. 그들의 눈빛에서 나는 오래전 외할아버지가 레치얌을 외치실 때의 생생하게 빛나던 기쁨을 볼 수 있었다.

9 __ 롯의 아내

애니드는 내게 상담을 하러 오기 2년 전에 남편을 잃었다. 그녀는 남편보다 연상이었다. 그녀는 남편이 죽은 후 전혀 집 밖으로 나가려 하지 않았고 누구에게도 남편의 죽음에 대해서 말하지 않았다. 요리도 하지 않았고 정원도 손질하지 않았으며 하루 종일 잠옷 차림으로 거실의 의자에 멍하니 앉아 창밖을 바라보며 하루를 소일했다. 의사가 항우울증 약을 처방해주었지만 그녀에게는 별로 도움이 되지 않았다. 그녀는 약 먹는 것도 중단하고 마치 달팽이처럼 자신의 껍데기를 쓰고 칩거했다. 애니드를 데리고 온 그녀의 딸은 이렇게 말했다.

"아버지가 돌아가시던 날 저는 부모님을 다 잃은 셈이지요."

상담을 하던 첫날 애니드와 나는 침묵 속에서 서로를 바라보며 앉아 있었다. 70대 초반의 그녀는 아직 아름다움을 간직하고 있었지만 생명력이 고갈된 모습이었다. 아름다운 생을 비닐 포장지로 둘둘 말아버린 것 같았다. 너무나 쇠잔해 보였기 때문에 한 시간 가량의 상담을 받을 수 있을지 의심스러울 정도였다.

먼저 이곳에 온 이유를 물었다. 그녀는 눈을 돌려 창밖을 바라보며 말했다.

"제 남편이 죽었어요."

그리고 잠시 머뭇거리더니 다시 말을 이었다.

"제 딸이 선생님께 그 일에 대해 말하라고 하네요. 하지만 그렇게 하고 싶지 않아요."

그녀는 말을 멈추었고 한참 후 다시 입을 열었다.

"이야기를 해보았자 시간 낭비일 뿐이에요. 아무도 제 마음을 이해할 수 없을 테니까요."

"물론이지요, 그렇고말고요."

그녀의 말에 공감할 수 있었다. 나는 그녀를 바라보며 말했다.

"당신은 삶을 잃어버린 거예요. 오직 남편만이 당신이 잃어버린 게 무엇인지를 알겠지요. 그 사람만이 당신들이 함께한 결혼 생활이 어떤 것인지 알 테니까요."

내 말을 들은 그녀는 한참 동안 나를 묵묵히 바라보았다. 그녀의 머리카락과 같은 빛깔의 연한 회색 눈동자에는 빛이 죽어 있었다. 나는 다시 그녀에게 물었다.

"당신의 남편이 이곳에 있다면 그에게 무슨 말을 하고 싶으신가요?"

그녀는 오랫동안 나를 응시했다. 그러고는 눈을 감고 남편이 곁에 있는 것처럼 큰 소리로 말하기 시작했다. 그가 없는 삶이 어떤 것인지에 대해 그녀는 간절하게 털어놓았다. 그들이 갔던 어떤 특별한 장소에 혼자 가는 느낌이 어떤 것인지에 대해, 그리고 개를 데리고 두 사람이 산책하던 곳을 혼자서 걷는 게 어떤 것인지, 침실에서 혼자 잠드는 것이 어떤 느낌인지에 대해 말했다. 남편이 알아서 해주었기 때문에 전혀 알 필요도 없던 사소한 여러 가지 일들을 새롭게 접하는 것이 어떤지에 대해서도 말했다. 다른 누구도 알 수 없는 두 사람만의 아름답던 추억을 죽은 남편에게 상기시켰다. 그리고 울기 시작했다. 남편이 죽은 후에 처음으로 우는 울음이었다. 그녀는 꽤 오랜 시간을 슬프게 울었다.

그녀가 울음을 멈추었을 때 더 말하고 싶은 것이 있느냐고 물었다. 잠시 망설이더니 애니드는 자기를 혼자 늙게 두고 떠난 남편이 너무나 야속하고 미워 분노가 인다고 말했다. 남편이 자기와 한 약속을 깨뜨리기나 한 것처럼 느껴진다고 말했다. 그녀는 남편이 그녀에게 해주었던 모든 것, 삶에서 함께 나눈 시간들, 무엇보다 남편을 미치도록 그리워하고 있었다.

"그는 내게 사랑을 가르쳐준 스승이라고 할 수도 있어요."

그녀의 부모는 매우 엄격했고 타인에 대한 신뢰가 별로 없었다. 그래서 남편을 만났을 때 무엇보다 그의 성품에 반했다는 것이다. 그녀의 남편은 언제나 다른 사람을 배려했고 도움을 필요로 하는 사람들에게 기꺼이 손길을 내밀었다. 그녀는 남편의 그런 점을 무척 좋아했고 깊은 존경과 사랑을 지녔다. 남편이 얼마나 관대하고 친절하고 자상한 사람이었는지에 대해 이야기를 펼치는 동안 그녀의 눈은 저 멀리 사라진 과거를 찾고 있었다.

"허버트는 누가 5리를 가자고 하면 10리를 함께 가주는 사람이었어요. 많은 사람들이 정말 그를 좋아했어요."

나는 허버트와 그녀의 이야기에 감동을 받았다.

"애니드, 허버트가 여기 있다면, 당신이 살았던 지난 2년 동안의 삶에 대해 뭐라고 할 것 같아요?"

그녀는 놀란 눈으로 나를 바라보았다. 한참 생각을 해보더니 말했다.

"'애니드, 어째서 나 때문에 그토록 고통스러운 시간을 보내는 거요? 내 삶은 사랑으로 가득 차 있지 않았소?' 아마 그렇게 말했을 거예요."

그녀는 그러면서 처음으로 미소를 보여주었다. 나는 다시 만나자고 하며 말했다.

"그를 기억하는 다른 방법을 찾아보도록 해요."

두 번째 상담을 받는 날 그녀는 이렇게 고백했다. 나를 만나기 전에 그녀는 남편을 잃고 고통스러워하지 않는다면 남편을 배반하는 것이라고 느꼈다고 했다. 상실의 고통에서 헤매지 않으면 사랑으로 가득 찼던 남편과 삶의 가치를 왜곡시키는 것이라고 생각했다는 것이다. 그러나 지금은 고통을 끌어안고 마음의 문을 닫아버림으로써 남편을 배반하고 있다는 사실을 깨닫게 되었다고 말했다. 그 후 그녀는 상담을 받으러 올 필요가 없었다. 죽은 남편인 허버트가 그녀에게 필요한 모든 것을 이야기해 주기 때문이었다.

너무나 엄청난 상실을 체험할 때 우리는 다시 삶을 선택해야 한다. 그렇게 하기 위해서는 슬픔을 누군가와 함께 나누고 실컷 울어야 한다. 진정으로 슬픔을 표현하지 못한다면 고통은 항상 우리 자신과 미래의 삶에 미진한 채로 남게 된다. 다시 말하자면, 우리가 깊은 슬픔을 털어내지 못하고 그대로 두면 뒤돌아본 대가로 소금 기둥이 된 롯의 아내처럼 과거라는 소금 기둥 안에 영원히 갇혀버리게 된다.

깊이 슬퍼하고 애통해하는 것은 단순히 과거를 잊기 위한 것만은 아니다. 진정으로 슬픔을 표현했을 때 우리는 치유받는다. 또한 고통이 아닌 사랑의 마음으로 그 사람을 기억할 수 있게 된다. 이것이 우리의 삶의 과정이다. 이미 사라진 것들을 더 이상 끌어안으려 하지 않고 하나씩 놓아 보내는 것이야말로 진정으로 사랑했던 그들을 위한 참된 슬픔이다.

1년 후 애니드는 지방 신문에서 오려낸 기사를 동봉한 편지를 보내왔다. 그녀는 미망인들을 중심으로 독거 노인을 위한 봉사 단체를 만들었다. 신문 기사는 봉사 단체에 대한 내용이었다. 그리고 그녀는 자신이 지은 짧은 시를 동봉했다.

슬픔이여.
나는 그대의 닻을 끌어내고
이제 바람을 잡는다.

II
눈높이를 낮출 수 있다면

10__마음을 안다는 것

3학년 가을 학기가 되면 의과 대학생들은 교수 의사들의 지도 감독 하에 직접 환자를 만나게 된다. 나의 첫 환자는 심장 질환이 있는 아주 나이 많은 할머니였다. 그 할머니는 의학에 대한 지식이 전혀 없었기 때문에 나 같은 초보 의사에게는 안성맞춤인 환자였다. 나는 심장이 뛰는 소리와 이른바, '제3의 심장 박동 소리'라고 불리는 소리를 들음으로써 진단을 내릴 수 있었다. 분명히 심장 질환이 있다는 징후였다. 나는 책에서 배운 대로 제대로 그 소리를 들었다고 확신했다. 할머니는 왼쪽 심장이 비대해져 일어난 동맥 경화 증세를 지녔다. 나를 지도하던 의사와 함께 학교에서 배운 대로 처방 계획을 세웠다. 배뇨를 촉진하는 이뇨제와 강심제로 사용하는 디곡신을 처방하기로 했다. 의사로서 첫 번째 처방을 내리며 짜릿한 전율을 맛보았다.

처방을 내린 지 3주가 지나자 환자는 갑자기 뛰던 심장 박동 소리가 현저하게 줄었고 발목의 부기도 가라앉았다. 숨이 차 힘들어하던 모습도 거의 보이지 않았다. 나는 무척 흥분이 되었다. 그런데 심장 기능이 좋아지고 있음에도 불구하고 할머니는 별로 좋아하는 것 같지도 않았고 무덤덤해 보였다. 나는 할머니가 너무 나이가 많이 들어서 생명의 문제에 대해 그다지 중요하게 여기지 않는다고 생각했다. 성탄절 전에 그 환자를 퇴원시켰다. 디곡신을 계속 복용하도록 처방하고 6개월이 지난 후에 다시 진료를 받으러 오라고 했다. 첫 처방전을 써주면서 진짜 의사가 된 것 같은 뿌듯함을 느꼈다.

3월 초였다. 환자 명단을 보다가 깜짝 놀랐다. 할머니의 이름이 세 번째에 올라와 있었다. 앞의 두 환자를 보면서도 그 할머니에 대한 궁금증 때문에 초조했다. 무엇인가 잘못되었고 할머니에게 다시 심장 질환이 생긴 것이 틀림없다고 생각했다. 어째서 할머니가 이토록 빨리 재진을 신청했을까? 내가 무슨 실수라도 한 것일까? 하는 생각 때문에 머릿속이 텅 빈 것 같았다.

할머니는 말쑥한 정장 차림으로 진료실에 들어왔다. 놀란 내 표정을 보고 할머니는 빙그레 미소를 지었다.

"진찰을 받으려고 온 게 아니에요."

할머니는 단지 내게 무엇을 주고 싶어서 왔다는 것이다. 할머니는 손가방에서 마분지로 싼 것을 꺼내 건네주었다. 마분지를 펴자 네 송이의 작은 보라색 꽃이 나왔다. 무엇인지 몰라서 의아한 눈으로 쳐다보자 할머니가 말했다.

"포도처럼 송이를 이루어 꽃을 피우는 무스카리라는 식물이에요."

할머니는 40년 전 남편과 함께 정원에 무스카리를 심었다. 해마다 봄이 오면 어김없이 무스카리에 제일 먼저 꽃이 피어났다. 추운 겨울쯤은 아무것도 아니라는 듯 무스카리 꽃은 아름답게 피어 할머니와 남편에게 생명의 강인함을 보여주었다는 것이다.

지난 가을 심장 질환이 악화되자 할머니는 더는 겨울을 나지 못하리라 생각했다. 다음해 봄에 피어날 정원의 무스카리와 다른 꽃들을 떠올리면서 다시는 그것들을 볼 수 없다는 생각도 했다. 내가 써준 처방전에 따라 약을 복용했고 시키는 대로 했지만, 그 약을 먹고 회복되리라고는 믿지 않았다. 할머니의 마음을 이해하기에 나는 그 당시 너무나 젊었다. 할머니는 거의 60년이나 어린 나를 바라보며 미소짓고 말했다.

"의사 선생님, 정말 감사합니다. 정성스러운 마음으로 진료해 주셔서 정말 감사드립니다."

나는 약에 대해 알고는 있었지만 실제로 이 할머니에게 무슨 일이 일어났는지는 전혀 이해하지 못했다. 약리학 서적에 디곡신이 어떤 성분으로 이루어졌고 어떤 효능이 있는지에 대해서 씌어 있기 때문에 84세나 되는 고령의 심장병 환자에게도 약이 반응한다는 사실은 알고 있었다. 책에는 지식으로 알아야 할 것에 대해서는 기술되어 있지만 생명에 대한 열망이 심장 근육을 강화하는 어떤 기능을 가지는지에 대해서는 아무런 언급이 없었다.

20여 년이 지난 후 어머니가 그 할머니와 같은 심장 질환으로 입원하셨다. 어머니는 외향적인 성격이셔서 담당 의사에게 하고 싶은 말씀을 하셨다.

"젊은 의사 양반, 당신 생명이 당신에게 소중한 것처럼 내 생명이 나에게 소중하다는 것을 꼭 알아주구려."

얼마 전에 의사들의 세미나가 있었다. 주제는 '듣기'였다. 우리는 모두 청진기를 꺼내 들고 자기 심장 박동 소리를 듣는 시간을 가졌다. 대개 중년의 의사들이었지만 자신을 진료하는 일은 처음이었을 것이다. 모두들 이상의 징후가 있는 특별한 소리, 즉 '제3의 심장 박동 소리'와 같은 것을 듣게 되지 않을까 걱정하면서 귀를 기울였다. 그러나 시간이 지나면서 우리는 단순히 심장이 뛰는 소리에 귀를 기울이게 되었다. 언제나 그곳에 존재하는, 우리가 세상에 태어나기 전 태아일 때에도 우리 생명의 한가운데서 들리던 어떤 소리였다. 그것은 아주 특별한 신비와의 만남이었다. 그 순간에 우리 모두는 습관적으로 보고 듣는 방식이 아닌, 특별한 무엇인가를 알아차린 느낌이었다. 바로 우리가 날마다 다루는 것이 생명 그 자체라는 깨달음이었다. 마치 외할아버지께서 내 머리에 손을 얹고 축복을 내려주시던 때처럼 경건한 순간이었다.

  한참 침묵이 흐른 후 심장 전문의 한 사람이 자기의 느낌을 말했다. 우리가 거룩한 어떤 것에 그렇게 가까이 있으면서도 까마득히 잊고 있다는 사실에 놀랐다고 했다. 그는 어린 시절에 자주 암송하던 기도가 떠올랐다면서 겸연쩍은 목소리로 기도문을 암송했다.

  날이 가고 해가 바뀌면서 우리는 기적 사이로 소리 없이 걸어가고 있습니다. 주님, 저희의 눈을 보게 해주시고 저희의 마음을 지혜로 채워주십시오. 번개가 번쩍 빛나는 순간처럼 당신의 현존이 우리가 걷고 있는 어둠을 비추시는 순간이 있다는 것을 보고 느끼게 해주십시오. 우리가 바라보는 어느 곳에서나 불꽃이 이는데도 타지 않는 떨기가 타오르고 있음을 보게 해주십시오. 당신 손으로 손수 지으신 진흙인 우리가 거기서 거룩함을 알아보고 외치게 해주십시오. 이곳이 바로 신비로 가득 차 있는 곳임에도 우리가 알지 못했나이다.

  어린 시절 나는 이 마지막 구절을 여러 번 들었다. 외할아버지가 가장 좋아하시던 구절이었다.

11__그냥 함께 머물러주기

엘리자베스는 인디언 보호 구역에서 일하는 여의사다. 그녀는 그곳에 간 지 얼마 되지 않아서 상당히 연로한 할머니와 딸의 진찰을 의뢰받았다. 90대 중반의 할머니는 아주 마른 체구에 전통적인 인디언 방식으로 머리를 땋았다. 할머니는 한 번도 병원에 다닌 적이 없기 때문에 여러 가지 심각한 질병 증세를 가졌지만 제대로 치료를 받지 못한 상태였다. 지난 몇 년 동안 딸네 집에 머물면서 딸의 보살핌을 받았다. 주로 딸이 말을 많이 했고 할머니는 가만히 앉아 그녀를 바라보고만 있었다.

엘리자베스는 2년이 넘는 시간 동안 격주로 한 번씩 모녀를 만나서 진료했다. 그 기간 동안 그녀는 할머니의 여러 가지 증세에 대해 정확한 병명을 진단하고 적절한 치료를 했다. 요도염에 대해서는 항생제를 투여하고 혈당치를 조절해 당뇨 증세를 완화시켰다. 또 저하된 심장 기능을 강화하는 치료를 하고 제대로 기능을 못 하던 간 기능도 최소한의 기능을 유지하도록 하는 데 성공했다. 그녀는 많은 실험 결과를 정리했고 사회 사업 기관을 통해 딸이 어머니를 돌보는 비용을 정부에서 보조받도록 돕기도 했다.

할머니는 96세의 나이로 생을 마감했다. 그 무렵 할머니에 대한 진료 기록지는 두꺼운 책 한 권 분량이 되었다. 마지막 정리를 하기 위해 진료 기록지를 보면서 엘리자베스는 여러 합병증 증세를 보이던 노인을 열심히 진료하고 적절한 방식으로 치료한 자기 자신에 대해 자부심을 느꼈다.

몇 달이 지났을 때 그녀는 애리조나대학의 교수에게서 전화를 받았다. 그는 미국 인디언들의 전통 의학과 치료 방법에 대해 저술하고 있다고 자신을 소개했다. 고대의 치료 비법을 전수받은 인디언 여성에 대해 관심을 갖고 있다며, 그들 중 아직 살아 있는 사람이 몇 명 되지 않는데 최근에 한 사람이 죽었다는 소식을 들었다는 것이다. 가족에게 전화를 했더니 엘리자베스를 만나보라고 해 전화를 하게 되었다고 했다. 가족들 말에 따르면 엘리자베스가 어머니를 잘 알며 필요한 질문에 대답을 해줄 수 있을 것이라고 했다. 인디언의 전통 치료 비법을 전수받은 여성 의료인은 엘리자베스가 치료하고 돌보아주던 바로 그 할머니였다. 그 교수를 만난 엘리자베스는 뒤늦게 후회를 했다.

"저는 전혀 몰랐어요. 그 할머니가 인디언의 전통적인 치료 비법을 전수받은 분이었군요. 아, 이제야 몇 가지 점들이 이해가 되네요."

그녀는 그 할머니를 잊지 못할 것이라고 하면서 말했다.

"그 할머니는 항상 가만히 앉아 내가 일하는 모습을 바라보았어요. 제가 진료 기록지를 정리하고 실험 데이터를 만드는 모습을 바라보던 눈빛이 생각나요. 그때 제 모습을 바라보면서 어떤 생각들을 하셨을지 궁금해요. 저는 바보스럽게도 수치와 검사 결과지 등에 매달려 있었어요. 단 한 시간이라도 할머니와 함께 있는 시간이 다시 주어진다면 제가 의문을 지닌 것들에 대해 많은 질문들을 드릴 텐데요. 고통과 상실, 병과 죽음 등에 대해 그분이 어떤 견해를 지니셨는지 여쭈어보고 싶어요. 아니에요. 그냥 그 할머니가 저를 축복해주시도록 머리를 숙여 청하겠어요."

가끔 과학적 객관성이라는 것이 얼마나 우리를 눈뜬 장님으로 만드는지 모르겠다는 생각이 든다. 엘리자베스의 이야기를 들으며 나는 상념에 잠겼다. 나 역시 실험 데이터를 정리하고 거기에 매달려 있었다. 오히려 대화를 나눔으로써 그가 지닌 삶에 대한 지혜를 얻고 진정으로 그에게 필요한 것이 무엇인지 알 수 있는 많은 기회를 흘려보내는 어리석음을 범한 것이다.

12__ 남에게 주는 방법

 유대교 법의 해석인 미슈나 토라에서, 위대한 랍비인 메모니데스는 자비나 남에게 베푸는 자선에는 여덟 가지 다른 차원이 있다고 했다. 이것이 외할아버지와 함께 이야기를 나누면서 가장 이해하기 어렵고 의문을 품었던 유대교의 가르침이었다.
 외할아버지는 일생 동안 탈무드를 연구하는 정통 유대교의 랍비였다. 그때 나는 불과 다섯 살배기 어린아이일 뿐이었다. 경전의 내용이 어려우면 외할아버지는 쉽게 풀어 설명해주셨다. 그것은 근본적인 지혜의 내용이었다.
 여덟 번째 차원은 추위에 떨며 도움을 청하는 사람에게 내키지는 않더라도 코트를 사주는 것이다. 다른 사람을 증인으로 세운 후에 코트를 주고 감사의 인사를 받기 위해 기다리는 것이다.
 일곱 번째는 똑같이 하지만 감사의 인사를 받기 위해 기다리지 않는 것이다.
 여섯 번째는 도움을 청하기도 전에 코트를 사서 마음으로부터 기꺼이 주는 것이다.

다섯 번째는 기꺼이 열린 마음으로 코트를 사주고 남이 모르게 해주는 것이다.

네 번째는 기꺼이 열린 마음으로 주되 자기가 그 사람을 위해 산 코트가 아니라 바로 자신의 코트를 주는 것이다.

세 번째는 기꺼이 열린 마음으로 자신의 코트를 주지만 누가 주었는지 모르게 주는 것이다. 하지만 자기 자신만은 누구에게 주었는지는 아는 것이다.

두 번째는 기꺼이 열린 마음으로 자신의 코트를 주지만 누가 주었는지 모르게 주고 그 코트를 받은 사람이 누구인지도 모르게 하는 것이다. 받은 사람은 모르지만 자신은 자선을 베풀었다는 사실을 아는 것이다.

마지막으로 가장 순수하게 남에게 베푸는 차원은 기꺼이 열린 마음으로 자신의 코트를 주지만 누가 주었는지 모르게 주고 그 코트를 받은 사람이 모르게 하는 것이다. 그리고 자신이 자선을 베풀었다는 사실도 잊는 것이다.

그때서야 비로소 우리 안에 있는 선함이 자연스럽게 표출된 자선을 베풀었다고 말할 수 있다. 우리가 무언가를 준다는 것은 한 송이의 꽃이 저절로 향기를 뿜어내듯 자연스럽게 일어나는 것이다.

당시 어린 내게 선한 사람이 되고 옳은 일을 한다는 것은 아주 중요했다. 그래서 외할아버지의 말씀을 귀 기울여 들었다. 그리고 그를 안심시켜드리기 위해 말했다.

"할아버지, 전 항상 가장 옳은 방법으로 남에게 베풀 거예요."

외할아버지는 웃으면서 부드럽게 말씀하셨다.

"여덟 번째 차원의 사람처럼 추위에 떨면서 도움을 청하는 사람에게 별로 내키지는 않지만 마지못해 코트를 사주고 다른 사람을 증인으로 세워 감사의 인사를 받기 위해 기다렸다고 생각해보자. 우리 모두가 그렇게 했다면 지금보다 세상에 고통을 겪는 사람들이 더 많을까? 더 적을까?"

나는 한참 동안 생각했다. 외할아버지의 질문을 이해하려고 애썼지만 자신 없는 목소리로 대답했다.

"할아버지, 더 적어지는 것이 맞지요?"

"그렇단다. 그 사람이 할 수 있는 어떤 방법으로든지 선을 베푸는 것에는 그만한 가치가 있단다."

남에게 선을 행하지만 상대의 자존심이나 마음을 상하게 하는 경우가 있다. 우리는 그렇게 하지 않으면서 남에게 주는 방법을 배워야 한다. 바르게 주는 법을 익혀야 한다. 그러나 외할아버지의 말에 따르면 비록 옳은 방법이 아니라고 하더라도 주지 않는 것보다는 주는 것이 더 낫다. 삶을 축복하지 않는 것보다는 조금 잘못된 방법이라고 해도 축복하는 것이 좋다.

13 __ 선물

해마다 성탄절이 다가오면 아버지는 나를 데리고 맨해튼 시내 중심가로 쇼핑을 하러 갔다. 어머니와 이모, 친구들, 선생님, 그리고 다른 사랑하는 사람들을 위한 선물을 사기 위해서였다. 그 순간을 떠올리면 매우 신비한 마술의 세계로 들어가는 듯한 느낌이었다. 눈에 보이는 모든 것들이 성탄절을 맞이하기 위해 장식되어 있었다. 5번가 몇 블록에 걸친 상점들의 쇼윈도는 정말 환상적이었다. 어떤 곳은 움직이는 모형 마을을 꾸며놓기도 했다. 산타할아버지는 나를 향해 손을 흔드는 듯 보였다. 몹시 추운 날씨였지만 밤거리는 사람들로 넘쳐흘렀다. 모두의 손에는 화려하게 포장된 선물 꾸러미가 들려 있었다. 밍크 코트를 입은 여인들과 털목도리를 두르고 긴 외투를 걸친 남자들이 행복한 미소를 지으며 내 곁을 지나갔다.

거의 50년이 흐른 지금 그때를 돌이켜보면 지금도 그때 그 거리의 사람들 얼굴에서 뿜어져 나오던 빛을 느낄 수 있다. 어느 상점의 문을 열더라도 경쾌한 캐럴이 흘러나왔다. 내 기억 속에서 그날은 언제나 흰 눈이 흩날렸다. 사람들의 코트와 머리 위로 눈송이들이 고요히 내려앉았다.

아버지와 나는 록펠러 광장에서부터 쇼핑을 시작했다. 나는 아름답게 장식된 거대한 크리스마스 트리를 넋을 빼고 바라보곤 했다. 아버지는 올해의 트리는 작년 것에 비해 더 아름답게 꾸며졌다든지, 작년 것이 더 멋있었다든지 등의 비평을 하셨다. 나는 그렇게 크고 높은 나무를 어떻게 그토록 아름답게 꾸밀 수 있는지가 놀라웠다. 해마다 그 자리에 크리스마스 트리가 있다는 사실이 신기할 뿐이었다. 공원의 스케이트장에서 스케이트를 타는 사람들을 바라보기도 하면서 우리는 5번 가를 따라 모든 상점에 다 들렀다. 사랑하는 사람들에게 어떤 선물을 주는 것이 가장 좋을지 생각하며 꼭 어울리는 물건을 찾을 때까지 돌아다녔다. 어느 시점이 되면 아버지는 주머니 시계를 꺼내 내게 주셨다. 우리는 알람이 울리는 시간에 처음 쇼핑을 시작한 장소에서 만나기로 약속하고는 각자 쇼핑을 했다. 마지막으로 나는 아버지의 선물을 사야 했다. 아버지 역시 그 순간 나를 위한 선물을 사고 계실 것이었다.

늦은 시간까지 거리를 다니며 쇼핑을 할 수 있다는 것이 내게는 무척 신나는 일이었다. 거의 자정이 가까워져 우리는 손에 포장한 선물 꾸러미를 들고 집으로 돌아갔다. 어머니는 뜨거운 코

코아를 내주셨다. 우리는 선물 꾸러미들을 보여주며 얼마나 멋진 선물을 골랐는지 자랑스럽게 말하곤 했다. 물론 어머니를 위한 선물만은 비밀로 했다.

　사랑하는 사람들이 누구인지, 무엇이 그들을 기쁘게 해줄지 생각하며 한 사람 한 사람을 떠올리는 축복의 시간이었다. 나는 적합한 선물을 발견하고는 그들이 기뻐하는 모습을 떠올리며 선물을 사던 때의 벅찬 감동을 기억한다. 또 포장지와 리본을 골라 점원에게 주고 내가 원하는 특별한 방법으로 선물을 포장하는 모습을 바라보던 기억을 떠올리면 어린 시절의 동심으로 되돌아간다. 선물을 고르는 일을 얼마나 좋아했던가! 그럴 수 있었던 나는 얼마나 축복을 받은 사람이었는가!

　지금 이렇게 되돌아보면 나는 그 선물들이 개봉되는 순간을 보지는 못했다. 우편으로 보냈거나 아니면 크리스마스 트리 밑에 놓아두었기 때문이었다. 그러나 그것이 무슨 상관인가! 중요한 것은 그것이 개봉되는 순간이나 선물을 받고 감사해하는 말을 듣는 그런 순간이 아니다. 중요한 것은 바로 사랑하는 누군가가 있다는 것이 축복 그 자체라는 사실이다.

14__단순히 자연스럽게

내게 면담을 신청한 한 여자는 자기 아이들이 너무나 이기적이라 실망스럽다고 했다. 자기가 항상 좋은 모범을 보여주었는데도 어째서 아이들이 남에 대한 배려가 없는 이기적인 사람이 되었는지 이해할 수 없다고 했다.

"아이들에게 어떻게 모범을 보여주셨는데요?"

"늘 관대하게 그들을 보살펴주었지요."

어쩌면 베풀어주는 것만으로는 누군가를 관대한 사람이 되도록 할 수 없는지도 모른다. 우리가 베푸는 것처럼 그들에게도 베풀 수 있는 기회를 제공하고 그 일에 직접 관여하도록 이끌어주어야 한다.

나의 어머니는 가정 간호사였지만 공공 기관에 일하러 가시기도 했다. 하루에 많은 시간을 일하셨기 때문에 주중에는 거의 어머니를 만나기 힘들었다. 나는 어머니가 뉴욕 슬럼가에 있는 가난한 가정들을 방문할 때 나를 데리고 다니셨던 일을 기억한다. 어머니는 내게 왕진 가방을 들게 하셨다. 어머니가 나를 데리고 다니신 것은 단순히 왕진 가방을 드는 것보다는 더 깊은 이유가 있었으리라.

외할머니는 랍비의 아내였다. 그분은 회당에 나오는 사람들이 아프면 일일이 방문했다. 음식을 가져다주기도 하고 집안일을 도와주었다. 러시아에서 어린 시절을 보낸 어머니는 자주 외할머니와 함께 가서 일을 도와드렸다. 몸이 아프거나 나이 드신 분들의 식사 시중을 들고 목욕을 시켜드리거나 집 안 청소를 해주었다. 어머니는 할 수 있는 건 무엇이든지 도왔다. 이런 시간들이 어머니에게 아주 특별한 시간이 되었다. 어머니는 여섯 형제 중 하나였고 외할머니는 언제나 바빴기 때문에 어머니와 개인적으로 함께한 시간은 많지 않았다. 어머니는 외할머니와 사람들을 돕기 위해 함께한 시간이 특권을 누리는 듯한 느낌이 드는 사랑의 시간이었다고 말했다.

남을 돕는 봉사는 러시아에서 살던 어머니의 가족들에게는 삶을 이어가는 자연스러운 방식이었다. 그러나 처음 이민을 온 1940년대나 그 이후에도 뉴욕은 그렇지 않았다. 어렸을 때 나는 내 장난감이나 벙어리장갑 등, 어떤 때는 신발까지도 다른 아이들에게 주곤 했다. 소꿉놀이에서 다른 아이가 내 양동이나 삽을 갖고 싶어하면 나는 선뜻 내주고 돌려받을 생각을 하지 않았다. 다른 아이가 장갑을 끼고 있지 않으면 얼른 내 것을 벗어주었다.

선생님이나 어른들은 내가 좀 어리석거나 바보스럽다고 생각했다.

나는 자주 크레용이 반이나 없어지거나 아니면 신발이 없는 상태로 집에 돌아오곤 했다. 그럴 때마다 선생님은 어머니에게 쪽지를 적어 보냈다. 내가 자신을 방어하는 법을 배워야 하고 다른 아이들이 나를 이용하지 못하도록 해야 한다는 말이 적혀 있었다. 어머니는 한 번도 나를 꾸짖지 않으셨다. 다만 내 물건 중 필요한 것을 다시 채워주시곤 했다. 내가 마음에서 우러나서 다른 아이들에게 내 것을 주었다는 사실을 아무도 이해하지 못했다.

봉사란 배움을 통해 얻어지는 것이 아닌지도 모른다. 그것은 모든 사람들 안에 자연스럽게 자리하고 있는 힘이다. 우리는 그것을 조금씩 강화할 필요가 있다. 《아이들이여, 용기를 지녀라!》는 부모가 되는 방법에 관한 혁명적인 책이다. 저자 드레이커스는 시장 바구니를 식탁 테이블에 내려놓는 어머니에 대해 들려준다. 달걀을 담기 위해 냉장고에서 플라스틱 용기를 꺼내놓고 시장 본 물건들을 정리한다. 찬장에 물건을 정리하고 돌아서서 보니 세 살 난 아이가 달걀 한 개를 꺼내 플라스틱 용기에 옮겨 담고 있다. 그녀는 놀라서 소리쳤다.

"아니야, 하지 마, 하지 마. 이것은 너처럼 어린아이가 할 일이 아니야."

그녀는 울음을 터뜨린 아이를 방으로 데려다놓고 다시 부엌에 와서 달걀을 플라스틱 용기에 옮겨 담는다. 이런 어머니는 14년이 지난 후에도 여전히 시장에서 돌아온 후에 직접 달걀을 옮겨 담을 것이다. 아마 딸의 방도 여전히 청소해줄 것이다.

세 살 난 아이가 달걀을 옮겨 담으면 당연히 깨뜨릴 수도 있다. 그러나 엄마를 돕고자 하는 아이의 마음을 알아주고 그렇게 하도록 하는 것은 쉽지 않겠지만 매우 필요한 일이다. 이것은 그 어머니에게는 아주 새로운 일이다. 우리는 새로운 것에 별로 익숙하지 않다. 그런 순간 바른 선택을 하는 것은 참으로 중요하다. 아이가 엄마를 돕고자 하는 마음을 알아주고 지지해줄 것인지, 아니면 달걀을 깨뜨리지 않을 것인지를 선택하기란 쉽지 않다. 그러나 지혜로운 어머니라면 기꺼이 깨진 달걀을 닦아내고 다시 아이에게 달걀을 옮기게 할 것이다. 다른 아이에게 준 벙어리장갑이나 크레용을 다시 사주는 용기를 지녀야 한다.

15 __ 눈높이를 낮출 수 있다면

우리가 누군가를 용서하지 못한다면 삶을 망치거나 심지어는 건강까지 나빠질 수 있다. 몇 년 전 나는 '욤 키푸르'를 위해서 특별히 마련된, 유명한 랍비의 용서에 대한 강연회에 초대를 받았다. '욤 키푸르'란 '속죄의 날'이다. 모든 유대인들은 이날 한 해를 돌아보면서 그들의 부족함과 잘못, 죄 등을 성찰하고 하느님께 용서를 청한다. 그런데 그 랍비는 하느님의 용서에 대한 이야기로 강연을 시작하지 않았다.

그는 청중이 앉아 있는 좌석 앞까지 와서는 자기 부인에게서 어린 딸을 받아 연단으로 올라갔다. 겨우 돌을 지난 정도의 사랑스러운 아기였다. 아기는 아빠의 팔에 안기어 청중을 향해 방긋방긋 미소를 지었다. 그 자리의 모든 참석자들은 아기의 미소를 바라보며 마음이 따뜻해졌다. 아기는 아빠를 향해 얼굴을 돌리고는 앙증맞은 손으로 아빠의 얼굴을 쓰다듬었다. 랍비는 아기에게 사랑스러운 미소를 보낸 후 전통적인 '욤 키푸르' 설교를 시작했다. '속죄의 날'의 의미에 대한 내용이었다.

아기는 아빠의 시선이 다른 곳으로 옮겨가자 손으로 아빠의 코를 잡아당겼다. 랍비는 아기의 손을 코에서 떼어놓고 다시 설교를 했다. 조금 있으려니까 아기가 넥타이를 잡고 아빠의 입 속에 집어넣었다. 사람들이 키득거리는 소리가 들렸다. 랍비는 입에서 넥타이를 꺼내어놓고 아기를 향해 미소를 지었다. 아기는 작은 팔을 아빠의 목에 둘렀다. 랍비는 아기의 머리에 손을 얹고 청중을 돌아보면서 말했다.

"여러분, 이 아기가 어떤 일을 저질렀다고 해서 용서하지 못할 일이 있겠습니까?"

강당에 있던 사람들은 모두 고개를 끄덕였다. 그 순간 사람들은 모두 자신들의 아이나 손자들을 떠올렸을 것이다. 그때 아기는 다시 손을 뻗어 안경을 잡아챘다. 모두가 한바탕 크게 웃었다.

랍비는 아기에게서 안경을 뺏어 쓰면서 크게 웃으며 조용해지기를 기다리다가 다시 물었다.

"언제 무조건 용서가 안 되는 그런 시기가 옵니까? 용서하기가 어려워지는 때는 언제입니까? 네 살입니까? 여덟 살입니까? 열다섯 살입니까? 서른다섯 살입니까? 도대체 몇 살이 되어야 우리 모두가 하느님 앞에 어린 아기라는 사실을 잊고 용서하기가 힘들어집니까?"

그날 나는 분명히 하느님의 용서가 이해하기 쉬운 어떤 것이라고 생각했다. 그럼에도 불구하고 남을 용서하기란 참 어렵다. 이것에 대해 숙고하면서 나는 용서의 문제를 단순히 아버지와 자녀와의 관계로 이해하기보다는 우리의 눈높이를 상대방에게로 낮추어야 하는 문제라는 생각을 했다.

16 _ 좋은 치유자

친구의 생일을 축하해주러 갔다가 유타 주의 작은 인디언 마을에서 2주 동안 머문 적이 있다. 부활절 아침 우리는 인디언 출신의 주교가 집전하는 성공회 미사에 참례했다. 미사에 온 사람들은 친구의 가족과 나를 제외하면 모두가 나바호 인디언들이었다. 흰 제의 위에 인디언 상징이 새겨진 영대를 두른 주교는 매우 상기되어 부활절 미사를 드렸다.

나바호 언어로 복음을 낭독하고 강론을 하는 그의 목소리는 열정과 확신으로 가득 차 있었다. 우리는 한마디도 알아듣지 못했지만 그것을 느낄 수 있었다. 그는 어느 순간 우리에게 시선을 주었다. 그는 우리가 알아듣지 못하는 것을 알아채고는 이번에는 영어로 복음을 읽고 강론을 시작했다. 그의 영어는 능숙했지만 처음 나바호 언어로 강론할 때의 열정은 사라진 듯했다. 부활의 핵심적인 의미를 완벽하게 영어로 옮기려고 애쓰는 모습이 역력했다. 그는 마지막으로 예수께서 그렇게 하셨듯이 잠시 하늘을 우러러보더니 성서를 덮고 마음 깊은 곳에서부터 말했다. 그는 먼저 "이 사람 예수는"이라고 하더니 잠시 침묵하다가 곧 말을 이었다.

"이 사람 예수는 좋은 치유자였습니다."

그 순간 나는 깊은 감동을 받았다. 그동안 좋은 의사일 뿐만 아니라 좋은 치유자가 되려고 노력했다. 또한 의과 대학의 교수로서 학생들에게 훌륭한 소아과 의사일 뿐만 아니라 몸과 마음을 치유하는 의사가 되라고 가르쳤다. 그러나 그 주교가 한 말에는 그보다 더 깊은 의미를 담겨 있었다. 내 존재의 깊은 곳에서 나는 그것이 무엇인지를 알았다.

내게 가장 필요한 것은 좋은 의술을 배우는 것뿐만 아니라 좋은 치유자가 되는 것이었다. 때로 부모로서, 때로 친구로서, 때로 의사로서, 단순히 누군가와 함께 머무를 때 가장 좋은 치유가 일어난다.

17 __ 잃어버린 팔찌

일단 누군가에게 진정으로 삶을 축복받게 되면 거기에는 결코 사라지지 않는 영원성이 있다. 서로가 나눈 사랑은 한 사람의 죽음으로 사라지는 것이 아니다. 지속적으로 상대에게 영향을 주고 죽음 이후에 더욱 강렬해진다.

나는 특별한 일이 있을 때면 아버지가 어머니에게 약혼 선물로 주었던 목걸이를 했다. 벌써 78년이나 된 목걸이였다. 최근 동부에 갔다가 그 목걸이를 잃어버렸다. 당연히 목에 걸려 있다고 생각한 목걸이가 없어졌다. 여러 곳을 다녔기 때문에 어디에서 잃어버렸는지 알 수 없었다. 다시는 찾을 수 없다는 것이 확실했다.

한 친구와 저녁 식사를 하다가 그 이야기를 했더니 그녀는 자기 이야기를 들려주었다. 외할머니가 그녀에게 당신이 차던 팔찌를 하나 남겨주셨다고 한다. 정교하게 세공을 하고 가운데 진주알을 박은 빅토리아풍의 아름다운 팔찌였다. 알코올 중독자 아버지 밑에서 자란 그녀는 외할머니와 무척 가까웠다고 한다. 외할머니는 그녀에게 특별한 사랑을 쏟으셨다. 아버지가 술을 먹고 들어오는 날이면 참지 못하고 감정을 터뜨리는 어머니를 보면서 그녀는 어머니에게 정을 붙이지 못했다. 아버지와 어머니가 싸울 때 그녀의 공포를 달래주거나 놀이터에서 깨진 무릎에 붕대를 감아주는 사람은 언제나 외할머니였다. 외할머니만이 그녀를 무릎에 눕혀 잠들게 했고, 밥상을 차려주었으며, 그녀의 말에 귀 기울였다. 외할머니는 무서운 시간에 언제나 그녀와 함께 있어주었다.

"외할머니는 내게 살아갈 수 있는 힘을 주셨어. 할머니가 계시지 않았더라면 나는 정상적이 아닌 우리 집안을 도저히 견딜 수 없었을 거야. 외할머니가 돌아가셨을 때 나는 성인인데도 불구하고 세상을 다 잃은 것 같았지. 외할머니가 없는 세상을 더는 살 수 없을 거라는 생각까지 들었어."

외할머니가 물려주신 팔찌는 그녀에게 매우 특별했다. 그것은 물질 이상의 소중한 것이었다. 몇 년 동안 그녀는 팔찌를 가죽 상자에 담아 장롱 서랍에 넣어두었다. 외할머니가 쏟아주셨던 무조건의 사랑이 그리워지면 팔찌를 꺼내서 손목에 찼다. 그녀가 그 팔찌를 마지막으로 한 것은 자신의 결혼식 날이었다.

결혼을 한 지 며칠 되지 않아 신접 살림 하는 아파트에 도둑이 들었다. 결혼 선물을 포함해 값이 나갈 만한 물건은 모두 사라졌다. 당연히 팔찌도 없어졌다. 시간이 흐르면서 다른 것들은 모두 다시 장만했지만 팔찌만은 어떻게 할 수가 없었다. 그녀는 오랫동안 팔찌를 도둑맞은 것 때문에 가슴 아파했다.

그녀가 첫 아이를 갖게 되었을 때였다. 출산 예정일보다 진통이 빨리 찾아왔다. 그녀는 고통을 참으며 급히 짐을 챙겼다. 그때 그녀는 도둑맞았다는 사실을 깜빡 잊고 할머니의 팔찌를 찾아서 장롱 서랍을 열었다. 아기를 낳는 그 시간 외할머니의 손길이 너무나 그리웠기 때문이었다. 하지만 그녀는 서랍을 여는 순간 팔찌가 그곳에 없다는 사실을 비로소 깨달았다. 시시로 밀려오는 진통보다 더 큰 아픔이 그녀를 엄습했다. 순간 그녀는 어찌할 바를 모르며 울기 시작했다. 그 팔찌가 없으면 뱃속의 아기가 잘못될 것 같은 불안까지 밀려왔다.

얼마나 울었을까, 갑자기 그녀의 머리 위에 따스한 손길이 느껴졌다. 너무나 부드러운 손길이어서 그녀는 자기가 정말로 그렇게 느낀 것인지 확신할 수 없었다. 하지만 그 순간 분명히 외할머니의 냄새를 맡았다. 틀림없는 외할머니의 향기였다. 그때 문득 한 가지 사실이 떠올랐다. 외할머니는 열 명의 아이들을 낳아 모두 잘 키워냈다. 어머니 역시 네 명의 자녀를 모두 안전하게 분만했다. 그녀는 서서히 진정을 했고 병원까지 무사히 갈 수 있었다.

그녀는 그와 같은 일은 다시는 일어나지 않았다고 말했다. 그러나 어려운 일이 있을 때마다 외할머니와 대화를 나누었다. 외할머니가 무슨 말씀을 하실지 귀를 기울여 듣는다고 했다.

"우리는 아주 가까워. 마치 곁에 외할머니가 계시는 것처럼 느껴져."

그녀가 말을 이었다.

"외할머니가 그 상황에서 어떻게 말씀하시고 행동하실지 아는 것이 이제 조금도 어렵지 않아. 외할머니는 항상 내가 생각하는 것보다 넓게 보시고 긍정적으로 보시지. 그리고 내게 걱정하지 말라고 말씀해주시는 거야."

이제는 그녀는 팔찌를 지니고 있을 때보다 더 외할머니를 가깝게 느낀다고 했다.

"외할머니는 내 팔목이 아니라 내 마음에 계시거든."

그토록 사랑하던 외할아버지가 돌아가셨을 때 나는 겨우 일곱 살이었다. 부모님은 내가 외할아버지를 잃고 충격을 받았을까 봐 많은 걱정을 하셨다. 몇 주가 지나도록 내가 외할아버지에 대해 한마디도 하지 않자 어머니는 외할아버지가 계시지 않은 지금의 내 마음이 어떤지 물었다. 내가 뭐라고 말씀드렸는지 정확히 기억나지는 않는다.

분명한 것은 모든 게 달라졌다는 것이었다. 그때 나는 학교에 가면서도 외할아버지와 함께 걷는 듯이 느꼈다. 오랜 시간이 지나면서 조금씩 희미해졌지만 외할아버지가 살아 계실 때보다 더 그분을 곁에서 느꼈던 것 같다. 우리가 함께 하느님에 대한 이야기를 나누던 것과 똑같은 방법으로 나는 외할아버지와 대화를 나누곤 했다.

미치 엘봄은 《모리와 함께한 화요일》이라는 책에서 이렇게 썼다.

"죽음은 이 세상 삶의 끝이기는 하지만 서로가 맺었던 관계의 끝은 아니다."

18 __ 가슴으로 껴안다

유방암을 앓던 내 환자가 37세의 나이로 죽었다. 장례가 끝나고 몇 주가 지나 남편과 다섯 살 된 딸아이를 만나게 되었다. 어린 딸은 엄마를 잃은 상실에서 헤어나지 못했음이 그대로 느껴졌다. 아이는 엄마가 없는 세상을 살아가는 법을 힘겹게 배워가야 했다. 그 아이의 아버지도 아이를 위해 최선을 다하려 했지만 감당하기 힘든 비통함 때문에 아무것도 할 수 없는 상태라고 했다. 그래도 조금씩 나아지고 있다고 말했다. 딸아이인 키미는 이제야 겨우 밤에 잠을 잘 수 있게 되었으며 자기도 다시 직장에 나가기 시작했다는 것이다. 그와 나는 키미가 내 고양이를 쓰다듬는 모습을 바라보며 말없이 앉아 있었다. 우리의 시선을 느꼈는지 키미가 우리를 올려다보았다. 키미는 미소를 짓더니 고양이를 내려놓고는 다가와 내 무릎에 안겼다. 그러고는 주머니 속에 손을 넣어서 무엇인가를 꺼내 내 손에 쥐어주었다. 그것은 벨벳으로 만든 아주 작은 하트였다.

나는 아이 아빠를 쳐다보았다.

"부드러운 감촉을 느낄 수 있는 하트랍니다. 키미는 그 하트 없이는 아무 데도 가지 않으려고 하지요."

그 하트는 워싱턴 주의 사별 가족을 위한 단체인 브리지에서 구한 것으로 그의 친구가 보내주었다고 했다. 브리지는 부모의 죽음으로 상처받은 아이들을 위해 봉사하는 기관이었다. 벨벳 하트는 작은 주머니에도 들어갈 수 있을 정도의 크기로 만들었기 때문에 아이들은 학교에서도 늘 그것을 손으로 만져볼 수 있었다. 이 작고 부드러운 벨벳 하트가 아이들의 상처를 어루만지고 슬픔을 달래주었다. 그들이 사랑받는 존재였으며 그들 역시 사랑할 수 있음을 깨우쳐주었다. 상실의 아픔이 밀려 올 때 벨벳 하트의 부드러움을 느끼며 위로를 얻고 싶기 때문에 아이들은 항상 그것을 가지고 다닌다는 이야기였다.

나는 상당히 감동을 받았다. 그 작은 벨벳 하트를 다시 키미의 손에 쥐어주었다. 키미는 하트를 뺨에 대고 한참 동안 있었다. 눈을 감고 엄마가 자기를 얼마나 사랑했는지 떠올리는 듯했다. 이제 키미에게 그 사랑의 기억이 영혼의 안식처가 될 것이다.

브리지에서는 지난 10년 동안 3만 개가 넘는 벨벳 하트를 만들었다. 브리지의 자원 봉사자들은 잠옷이나 스웨터나 셔츠 등 벨벳이나 벨루어로 된 옷을 잘라 하트를 바느질해 만들었다. 브리지에서는 공식 행사를 통해서 그리고 자원 봉사를 나가는 곳과 장례식에서 부모를 잃은 아이들에게 하트를 나누어주었다.

각자 손으로 직접 만들어서 똑같은 모양의 하트는 하나도 없었다. 따라서 개개의 하트에서는 고유한 생명이 느껴졌다. 또한 하트에는 한 사람이 살아온 이야기가 담겨 있었다. 슬픔을 경험한 아이들은 때로 자기의 하트를 같은 슬픔을 겪은 다른 아이들에게 주었다. 어느 여자아이는 자기의 하트를 엄마와 이혼하는 아빠에게 주었다. 어떤 남자아이는 선생님이 아들을 잃었을 때 그것을 선생님에게 드렸다. 우리가 상실의 고통을 겪을 때 그것은 타인에 대한 연민으로 바뀌게 된다.

지난 9년 동안 나는 죽음과 관련된 일을 하는 의사들을 위한 평생 의과 교육 프로그램을 운영해왔다. 이 프로그램에 오는 의사들은 자기들이 하는 일의 진정한 의미를 찾고 그 일을 계속해 나갈 힘을 얻으려고 한다. 이 프로그램에서 큰 비중을 차지하는 부분은 바로 상실의 고통을 치유하는 과정이다. 의사들은 자신의 환자가 죽을 때 개인적인 반응을 드러내지 않도록 훈련받았다. 개인적인 감정은 의사로서 적절한 반응이 아니라고 교육받았다. 그 때문에 그들은 자신의 마음을 어떻게 달래야 할지 잘 모른다. 많은 의사들은 상실의 고통을 억압한다. 관심이 없기 때문이 아니라 충분히 슬퍼하지 않기 때문에 그들은 점점 무감각해진다. 진정으로 슬퍼하는 것이 상실의 고통을 치유하는 길이다. 프로그램에서는 전문직을 가진 같은 동료들이 공동체를 이루어 함께 슬픔을 나누고 각자 상대방의 슬픈 이야기를 듣고 같이 느끼고 격려해준다.

얼마 전 나는 브리지에서 자원 봉사자로 벨벳 하트를 만드는 여성에게 편지를 보냈다. 내가 운영하는 프로그램에 참여하는 전문직 의사들과 내가 가르치는 '치유의 예술'이라는 과목을 듣는 50여 명의 학생들에게 벨벳 하트를 줄 수 있는가 하는 편지였다. 브리지에서는 몇백 개의 벨벳 하트를 보내왔다. 모두가 의사 가운의 주머니에 꼭 맞는 크기였다.

여러 학생들이 공부하는 동안 하트를 만지면 긴장이 풀린다고 말했다. 어쩌면 하트의 효과는 그 이상일지도 모른다. 내가 가르치는 캘리포니아주립대학교 의과 대학 학생들뿐만 아니라 모든 의과 대학에 입학하는 학생들은 봉사 정신이 투철한 젊은 이들이다. 그들은 타인을 도우려는 열정을 지니고 있다. 하지만 의과 대학에서의 고된 훈련 과정을 통해 열정은 사라지고 의사가 되기 위해 고군분투하는 모습만 남는다.

어느 늦은 밤 홀로 앉았는데 한 학생의 모습이 떠올랐다. 그는 암기해야 할 것이 너무 많고 도저히 학업을 따라갈 수 없다고 느꼈을 때 벨벳 하트가 힘을 주었다고 했다. 그가 하트를 매만지는 모습을 떠올리자 뭐라 말할 수 없는 희망이 가득 차올랐다.

III
삶을 강하게 만드는 법

19   되찾은 메달

    임미는 부모가 늦은 나이에 얻은 아주 작고 연약한 소녀였다. 만 세 살이 되었을 때도 18개월 된 유아의 평균 몸무게밖에 되지 않았다. 조금만 걸어도 지쳐 친구들과 놀 수도 없었다. 오랜 기다림 끝에 얻은 아이는 태어날 때부터 심장에 작은 구멍이 있고 판막에 이상이 있었다. 너무나 어려 심장 수술을 받을 수도 없었다. 할 수 있는 것은 아이가 성장할 때까지 세심한 의학적 치료와 주의를 기울여 보살피는 것뿐이었다. 아이는 태어날 때부터 뉴욕병원 소아심장과의 특별한 관심을 받았다. 거의 모든 소아과 의사들이 이 아이와 가족을 알았다.

    드디어 심장 수술을 받게 되었을 때 아이의 부모는 매우 불안해했다. 아직 심장 수술이 초기 단계에 머물던 시절이었고 위험부담이 컸지만, 수술은 불가피했다. 당시 고참 레지던트이던 내가 수술 전 아이의 기록을 정리하고 부모와 면담을 했다. 그들은 수술받을 각오가 되어 있었지만 얼굴에는 수심이 가득했다. 부부는 서로 손을 꼭 잡고 놓지 않았다. 나는 부부와 함께 아이가 입원한 병실로 갔다. 아이는 해맑은 미소로 우리를 맞았다. 아이는 곰 인형을 가지고 있었다. 누군가가 달아준 흰 배지가 곰 인형의 가슴 위에 있었다.

나는 임미를 세심하게 진찰했다. 심장 박동 소리는 정상적인 심장과는 다른 약한 소리를 냈다. 아이가 그런 상태로 아직까지 살아 있다는 사실이 놀라웠다. 아이에게 다시 옷을 입혀주면서 보니 분홍색 속옷에 성 크리스토퍼 메달이 핀으로 꽂혀 있었다.

"이게 뭐죠?"

아이의 부모는 머뭇거리면서 설명했다. 가족 중 한 사람이 로마에 성지 순례를 가서 그 메달을 샀다. 그리고 그곳 사제에게 축복을 받은 후 프랑스 루르드 성지에 있는 치유의 물에 담갔다가 가져온 특별한 것이라고 했다.

아이 엄마가 나를 바라보며 간절한 목소리로 말했다.

"우리는 이 성물이 아이를 보호해줄 거라고 믿어요."

아이의 아빠도 고개를 끄덕였다. 나는 깊은 감동을 받았다.

임미는 수술 전 이틀 동안 여러 가지 검사를 받았다. 그 사이 몇 번 더 임미를 보았다. 아이의 속옷에 꽂아두었던 성 크리스토퍼 메달이 환자복에 달려 있었다. 그 메달은 아이의 부모에게 매우 중요한 것이기 때문에 나는 심장 수술의 한 팀인 동료 레지던트에게 입원 기록지를 넘겨주면서 그 메달에 대해 이야기했다.

그는 냉소적인 미소를 지었다.

"각자 자기가 믿는 것이 다르긴 하지. 나는 차라리 엑스 선생님을 신봉하고 싶어."

엑스 선생님은 수술을 집도할 심장 수술의 권위자였다.

"엑스 선생님에게 루르드 성모의 기적이 필요하다고는 생각하지 않아."

환자복에 달려 있던 물건은 수술실이나 회복실에서 잃어버리기 십상이었다. 수술에 들어가기 전 내가 그 메달을 떼어 보관할 생각으로 메모를 해두었다. 그러나 아침에 갑자기 응급실로 불려가 정신없이 한나절을 보냈다. 급히 임미에게 갔을 때는 이미 수술실로 옮겨진 후였다.

수술은 거의 12시간이나 걸렸다. 상황이 별로 좋지 않았다. 그 당시 비교적 신기술인 바이패스 심폐기가 몇 분이나 제 기능을 하지 않았고 출혈이 심했다. 임미는 의식도 없고 반응도 보이지 않는 상태로 중환자실에서 호흡기를 끼고 있었다.

수술 다음날 임미의 엄마가 나를 찾아왔다. 그녀는 가늘게 떨리는 목소리로 메달이 없어졌다고 말했다. 나는 즉시 수술 팀의 일원이었던 레지던트를 불러 물어보았다.

"왜 그것을 나한테 말하는 거야?"

"네가 엑스 선생님에게 좀 알아봐."

그는 실소를 터트렸다.

"말도 안 되는 소리 하지 마."

그날 밤 잠을 이룰 수가 없었다. 나는 새벽 두 시에 일어나 옷을 주워 입고 임미가 누워 있는 중환자실로 갔다. 상황은 아무런 변화가 없었다. 아이의 부모와 다른 가족 몇 명이 보호자 대기실에 앉아 있었다. 잠시 이야기를 나누었지만 어떤 위로가 되는 말도 할 수 없어 마음이 아팠다.

다시 숙소로 돌아와 누웠는데 잠이 오지 않았다. 나는 내내 잃어버린 메달과 그 메달에 대해 아이 부모가 들려준 이야기를 생각했다. 그러다가 종이를 꺼내 엑스 선생님에게 메달이 없어졌다는 사실과 그 메달이 아이의 부모에게 얼마나 중요한 의미를 지니는지 자세히 썼다. 그리고 메모지를 반으로 접어 엑스 선생님의 진료실에 붙여놓았다. 다시 숙소로 돌아오면서 내가 어리석은 짓을 하는 것은 아닐까 하는 마음이 들었다. 동료 레지던트도 메달에 대해 관심이 없는데 엑스 선생님이라고 관심을 가질까 하는 걱정이었다.

다음날은 휴무였다. 지쳐 떨어져 종일 잤다. 저녁에 교대 근무를 하러 병원으로 가서 낮 근무자인 레지던트에게 임미에 대해 물었더니 전혀 나아질 기미를 보이지 않는다고 말했다. 그 후 몇 시간 동안 근무를 하고 상당히 늦은 시간에 임미가 있는 중환자실로 갔다. 임미의 부모는 그때까지 대기실에 앉아 있었다. 우리는 함께 임미를 보러 갔다. 임미는 여전히 의식이 없었다. 나는 심장 소리를 들으려고 임미의 가슴에 얼굴을 갖다 댔다. 그때 환자복에 성 크리스토퍼 메달이 꽂혀 있는 것을 보았다.

"다른 메달을 달아주었나요?"

"아니에요. 잃어버렸던 것을 찾았어요."

임미의 엄마는 엑스 선생님이 그날 오후 메달을 가지고 왔다고 했다. 나는 메달을 찾게 되어 얼마나 기쁜지 모른다고 말했다. 이번에 임미의 아빠가 미소 띤 얼굴로 내게 말했다.

"안심이에요. 이제 어떤 일이 일어나도 우린 괜찮아요."

나는 동료 레지던트에게 자세한 얘기를 들었다. 바로 전날 엑스 선생은 평상시와 마찬가지로 12명이나 되는 제자 의사들과 병실을 돌며 회진했다. 보통은 중환자실을 마지막으로 끝나지만 그날은 엑스 선생이 제자들을 지하에 있는 세탁실로 데려갔다. 그러고는 임미의 메달이 달려 있는 가운을 찾으라고 지시했다. 그들은 무려 반시간 동안 세탁물을 하나씩 점검한 후에 드디어 그 메달을 찾을 수 있었다. 나는 놀라지 않을 수 없었다.

"세탁실 사람들이 무척 놀랐겠다. 엑스 선생님이 의사들에게 어째서 그 메달을 꼭 찾아야 하는지 말씀하셨어?"

"그럼, 말씀하셨지."

세탁물이 산더미처럼 쌓여 있는 지하의 세탁실에서 엑스 선생은 젊은 외과 의사들에게 환자의 심장도 중요하지만 그들의 영혼을 돌보는 것도 매우 중요한 일이라고 말했다고 한다.

20 __ 새로운 눈을 갖게 되다

어느 날 탁월한 암 전문 외과 의사 요쉬 선생님과 상담을 하게 되었다. 요쉬는 우울증에 빠져 있었다. 외과 의사로서의 일에도 흥미를 잃은 그는 만사에 냉소적이 되어 은퇴까지 생각하고 있다고 말했다.

"아침에 눈을 뜨면 침대에서 꼼짝하기도 싫어요. 너무 지쳤어요. 날마다 환자들의 호소를 들어야 해요. 날마다 병과 대합니다. 이젠 견디지 못하겠어요. 새로운 삶을 찾고 싶어요."

탁월한 외과 의사인 그는 수많은 암 환자들에게 새 삶을 찾아주었다. 안타까운 마음이 들었다.

프루스트는 발견을 위한 항해는 미지의 것을 찾는 게 아니라 대상을 바라보는 시각을 바꾸는 일이라고 했다. 새로운 시각을 지니는 일은 의외로 단순하다. 나는 가끔 엔젤스 에린이 그의 저서 《네 개의 다른 양식》에서 말한 방법에 따라 다음과 같은 일을 해보라고 사람들에게 제안한다.

잠들기 전에 15분 정도 시간을 내 그날 하루를 성찰한다. 그러고는 스스로에게 세 가지 질문을 던지고 노트에 답을 적는다.

세 가지 질문은 다음과 같다.

'오늘 나에게 놀라운 일이 있었는가?'

'오늘 나에게 감동을 준 일이나 마음에 와 닿았던 일이 있었는가?'

'오늘 나에게 영감을 준 일이 있었는가?'

많은 것을 노트에 쓸 필요는 없다고 말해준다. 이 일은 하루를 새로운 관점에서 바라보도록 돕는다. 나는 요쉬에게 실험 삼아 이렇게 해보라고 권유했다.

그는 탐탁지 않은 눈빛으로 나를 바라보았다.

"항우울증제 프로작을 복용하는 것보다 훨씬 돈이 적게 들지요."

내 말에 그는 소리 내어 웃더니 알았다고 대답했다. 며칠 후 그의 전화를 받았지만 나는 그러려니 했다. 그의 목소리는 여전히 맥이 빠져 있었다.

"선생님, 3일 동안 해보았지만 답은 항상 똑같습니다. 첫 번째 물음에도 아무것도 없다, 두 번째 물음에도 아무것도 없다, 세 번째 물음에도 아무것도 없다, 그것이 답입니다. 저는 불합격하는 것을 별로 좋아하지 않는데, 거기에 무슨 음모가 있지요?"

그의 말에 나는 웃으면서 말했다.

"요쉬 선생님, 당신은 아직도 옛날 방식 그대로 삶을 바라보고 있어요. 한번쯤 자신을 소설가나 신문 기자나 시인이라고 가정해보세요. 그리고 당신이 만나는 사람들을 바라보세요."

잠시 침묵이 흘렀다. 그의 목소리는 처음보다는 조금 나아졌다.

"좋아요. 다시 한번 해보지요."

그러나 한동안 그는 전화를 하지 않았다. 여러 주가 지나 다시 전화를 했지만 그는 질문에 대한 답을 노트에 적는 일에 대해서는 언급하지 않았다. 우리는 주로 그의 스트레스를 줄이는 방법에 대해서만 이야기를 나누었다. 나는 그가 조금씩 나아지는 느낌이어서 기분이 좋았다. 어느 날 그는 제법 두꺼운 노트를 상담실에 들고 왔다. 그리고 자기에게 정말 도움이 된 것이 무엇인지 말했다.

처음에는 질문에 답을 적는 일이 귀찮았다. 매일이 그저 바쁘게 지나갈 뿐 아무런 의미 없는 공허한 삶이었다. 하지만 노트를 적어나가면서 조금씩 질문에 대한 답을 찾기 시작했다. 그는 노트를 펴서 몇 가지 답을 읽었다.

그의 하루에서 가장 놀라운 일은 암 세포가 2~3mm씩 커지거나 작아지는 것이었다. 그에게 가장 영감을 주는 일은 새로 개발된 약이 효능을 발휘하기 시작하는 것이었다. 점차 그는 삶의 다른 면을 보기 시작했다. 그곳에서 그는 사람들을 만나게 되었다. 환자들이 얼마나 엄청난 고통과 절망의 시간을 겪는지 보게 되었다. 암 수술을 받고 살아난 것에 감사하는 사람들과 고통을 견디며 죽음을 이겨낸 환자들을 보면서 그는 벅찬 감동을 받았다. 나 역시 가슴이 뭉클해졌다.

처음에는 그런 일을 겪고 몇 시간이 흐른 후에야 비로소 조금 놀라고 감동을 느끼고 영감을 얻었다. 하지만 집에 돌아와 잠들기 전 그 일을 돌아보면 얼마나 그 일이 놀랍고 감동적이며 영감을 주는지 알게 되었다는 것이다.

"환자들의 이야기는 제게 동화 속 이야기 같았어요."

그가 말을 이었다.

"일단 어떤 일이 일어났는지 바라보기 시작하면서 거기 많은 의미들이 담겨 있고 그것이 나를 변화시킨다는 사실도 알게 되었지요."

나는 무슨 말인지 알아들을 수가 없었다.

"무슨 뜻이지요?"

"글쎄, 말하자면 이런 거죠. 처음에 저는 단순히 기계적으로 그날 있었던 일을 노트에 적었습니다. 그러다가 어느 날은 똑같은 일에 대해 다르게 바라보고 있었어요. 당연히 저의 태도도 바뀌었지요. 환자를 대하는 제 말투가 달라졌지요. 그러자 환자들이 나를 대하는 태도도 달라졌습니다. 시간이 흐르면서 저는 환자들에게 병의 상태와 치료에 대해서만 말하는 것이 아니라 다른 이야기도 나누게 되었지요. 제 마음에서 느낀 것에 대해 말하게 되었습니다."

달라진 눈으로 처음 대한 환자는 난소암을 앓는 서른여덟 살의 여자였다. 그녀는 몇 번의 수술 끝에 항암 치료를 받으며 고통을 견뎌내고 있었다. 평소처럼 아침에 회진을 하던 그는 처음으로 그녀가 단순히 암 환자가 아닌 두 아이의 엄마라는 사실을 알았다. 네 살짜리 아이가 그녀의 무릎에 앉아 있었고 여섯 살짜리 아이는 의자에 앉아 있었다. 살이 포동포동하게 오른 그녀의 두 아이는 반짝거리는 눈으로 요쉬를 바라보았다. 아이들은 무척 귀여웠고 행복한 모습이었다. 그는 그녀가 항암 치료를 받으며 얼마나 힘겹게 투병하는지 잘 알았다. 그는 처음으로 그녀가 엄마로서 얼마나 눈물겹도록 자신의 아이들에게 사랑을 베풀고 있는지를 알았고 그 사실에 깊이 감동을 받았다. 처음으로 그는 그녀의 모성이 병마를 이겨내려는 의지와 연관되었다고 생각을 했다. 그래서 처음으로 그녀에게 이렇게 말했다.

"당신은 아주 훌륭한 엄마군요. 항암 치료 중에도 아이들을 행복하게 키우고 있군요. 그 힘이 당신을 암에서 해방시켜줄 것입니다."

그녀는 밝은 미소를 지었다. 전에는 한 번도 그에게 보여주지 않던 미소였다.

"선생님, 감사합니다. 선생님의 말씀이 제게 큰 힘이 되네요."

그녀의 눈에 맑간 눈물이 고였다. 그는 너무나 깊은 감동을 느꼈다. 그때부터 그는 의과 대학에서 하지 않는 것이 좋다고 배운 질문들을 환자들에게 하기 시작했다.

예를 들면 병을 앓으면서 버텨나가는 힘을 어디에서 얻지요? 같은 물음이었다. 같은 병을 앓으면서도 환자들은 저마다 다른 말을 했다. 그는 그들에게서 그에게 꼭 필요한 말을 들을 때도 있었다. 암 환자인 그들의 말에서 삶에 회의를 느끼고 우울증에 빠져들었던 자신의 감정과 매우 똑같은 말을 들을 수 있었다.

"선생님, 저는 암에 대해서는 아주 잘 알고 있었지만 인간에 대해서는 전혀 몰랐어요."

그는 지금까지 많은 업적을 이루고 의학계에 공헌을 한 탁월한 외과 의사였다. 그런데 지난 몇 개월 동안 처음으로 환자들이 그가 해준 수술에 대해 진심으로 감사하고 있다는 사실을 알게 되었다. 감사의 마음을 전하기 위해 특별한 선물을 가져온 환자도 있었다. 그는 잠시 침묵 속에 앉아 있다가 주머니에서 그의 이름이 새겨진 멋진 청진기를 꺼내 보여주었다.

"제 환자가 준 것이죠."

내 얼굴에는 저절로 미소가 떠올랐다.

"요쉬 선생님, 이제 그 청진기로 무엇을 해야 하지요?"

그는 무슨 말인지 모르겠다는 듯 의아한 얼굴로 나를 쳐다보다가 웃음을 터뜨렸다.

"레이첼 선생님, 그래요. 저는 이제 사람들의 영혼의 소리를 듣겠습니다. 단순한 심장의 박동이 아닌 영혼의 소리를 말입니다."

우리 대부분은 스스로가 아는 것보다 훨씬 더 의미 있는 삶을 산다. 어떤 일을 다르게 하거나 새로운 일을 찾아야 의미를 발견할 수 있는 것은 아니다. 그저 같은 일을 새로운 방법으로 하는 것이다. 우리가 새로운 관점을 지닌다면 오랫동안 해왔던 일들 안에서 놀라운 축복을 발견하고 경이로움을 느낄 것이다. 우리는 여러 가지 측면에서 삶을 바라볼 수 있다. 육안으로 볼 수도 있고 이성의 정신으로 볼 수도 있으며 영감으로 볼 수도 있다. 가장 중요한 것은 마음으로 바라보는 것이다. 마음으로 바라볼 때에만 삶이 지닌 깊은 의미와 축복을 발견하게 된다.

21__삶을 강하게 만드는 법

　치유자가 되도록 이끄는 수많은 책들이 있고 치유의 기법에 대한 연구도 계속되고 있다. 그럼에도 암 환자를 돌보는 사람들은 자신이 환자에게 가장 좋은 것을 주고 있는지 확신을 갖지 못한다. 모든 환자에게 적용되는 최선의 방법은 없을지도 모른다. 우리는 우리가 아는 고유한 방법으로 환자들을 돕고 그들에게 활력을 불어넣어준다. 때로 우리 자신의 삶의 체험에서 우러나오거나 때로 우리 마음 깊은 곳에 울리는 직관을 통해서 환자에게 가장 좋은 것이 무엇인지 알아낸다. 결국 가장 중요한 것은 그들을 위한 우리의 헌신이 그들에게 삶의 의지를 주고 병마를 이겨나가게 한다는 것이다. 누군가의 생명이 소중할 때 우리 안에 있는 생명의 힘은 그에게 직접 말을 건넨다. 이러한 것이 어떤 말이나 의식보다 더 큰 치유의 효과를 낳는다.

　몇 년 전 세균성 뇌막염에 걸린, 세 살 된 남자아이를 살리기 위해 헌신적으로 돌본 일이 있다. 그 아이의 이름은 리카르도였다. 아이는 의식 불명 상태로 누워 있었다. 아이의 엄마는 필리핀인 3세였다. 그녀는 한시도 아이의 침대 곁을 떠나지 않았다. 잠도 의자에 앉아 침대에 엎드린 채 잤다. 리카르도를 진찰하러 가면 그녀는 늘 아이의 담요 속으로 손을 집어넣고 있었다. 알고 보니 그녀는 아이의 작은 두 발을 꼭 잡고 있었다. 때로 그녀는 졸음을 참느라 눈을 반쯤 감고 있기도 했다.

아이가 조금씩 회복되기 시작했고 드디어 산소 호흡기 등의 생명 보조 장비가 더는 필요 없게 되었다. 그때 아이 엄마에게 왜 아이의 발을 잡고 있었는지 물어보았다. 그녀는 쑥스러운 듯 미소를 지으며 다른 곳으로 시선을 돌렸다. 하지만 곧 자신의 행동에 대해 설명했다. 의식 불명 상태에 빠진 아이의 발을 잡고 있는 것은 생명을 잡고 있는 것이었다. 만약 아이의 발을 놓으면 아이의 생명이 스르르 빠져나갈 것이라는 생각이 들었다고 했다. 나는 감동이 되어 마음으로 어떤 생각을 했는지 물었다.

"기도하고 계셨어요?"

"아니에요. 아이의 미래 모습을 생각했어요. 제 마음속에서 아이는 매일매일 조금씩 자랐어요."

그녀는 가만히 눈을 감고 초등학교에 입학하는 아이를 바라보았다. 아이를 데리고 학교에 가는 상상을 했다. 아이가 읽기와 쓰기를 배우는 것을 바라보았다. 친구들과 공놀이하는 모습도 보고 첫 영성체 때 성당에 예쁜 옷을 입고 앉아 있는 모습을 지켜보았다. 고등학교를 졸업하고, 결혼을 하는 날 아이가 아름다운 신부와 춤추는 모습을 상상했다. 결혼을 한 아들이 아이를 갖게 되어 자기가 할머니가 되는 상상도 했다. 끝없이 상상의 날개를 펼쳤다. 그녀는 얼굴을 붉게 물들이며 말했다.

"선생님, 제가 아이의 발에서 손을 떼지 않았던 게 도움이 되었는지도 몰라요. 제 상상이 도움이 되었을 거예요."

리카르도의 엄마가 했듯 미래에 대해 상상을 하고 그것이 이루어지도록 손을 놓지 않으면 생명을 살리는 데 기여하거나 영향을 줄 수 있다.

동료 의사 할은 아주 다른 방법으로 생명을 살리고 삶의 의지를 불러일으켰다. 아내가 암 진단을 받은 후 할은 종이 학을 접기 시작했다. 할은 일본인 2세로 어렸을 때 할아버지에게서 종이 학 접는 법을 배웠다. 종이 접는 예술인 오리가미는 일본에서는 오래된 전통이었다. 그들은 학뿐만 아니라 다양한 동물과 아름다운 형상을 종이로 창출해냈다.

종이 학은 아름다울 뿐 아니라 어떤 상징을 담고 있었다. 그들은 학이 장수와 조화와 균형의 상징이기 때문에 간절한 마음으로 학을 천 마리 접으면 아픈 사람이 회복되어 살아난다고 믿었다. 할은 의학도로서 그런 전통을 믿지는 않았지만 아내의 절망적인 상황을 보면서 아내를 위해 무언가를 해주고 싶었다. 결국 그녀를 위해서 종이 학을 천 마리 접기로 마음먹었다.

그는 매일 아침 일찍 출근해 책상에 앉아 외과 의사의 긴 손가락으로 종이 학을 접었다. 한 마리 접는 데 5분 가량이 걸렸다. 학을 접는 동안 아내의 회복을 위해 기도하며 자기에게 아내가 얼마나 소중한지 깨달았다. 한 마리를 접으면 정성스럽게 상자에 넣어두었다. 천 마리를 다 접으면 아내에게 줄 생각이었다.

종이 학을 접은 지 두어 달이 지난 후였다. 어느 날 그는 종이 학을 상자에 넣고 다음날 수술할 환자들의 차트를 보았다. 문득 이 두 환자들이 회복되기를 바라는 소망이 아내가 회복되기를 바라는 마음과 크게 다르지 않다는 생각이 들었다. 환자들의 생명도 그에게 중요했다. 그는 종이를 꺼내 종이 학을 두 개 더 접었다. 수술 환자에게 각각 하나씩 줄 생각이었다. 그의 마음속에서 환자들의 치유를 위한 기도가 울려나왔다. 그는 수술 대기실로 종이 학을 들고 갔다. 그리고 두 환자에게 주면서 종이 학이 무엇을 상징하는지, 어째서 그것을 접었는지 설명했다. 그때부터 그는 계속해서 자기 환자들을 위해 종이 학을 접었다.

내 환자 중 한 사람이 수술 전 나를 만나기에 앞서 할에게서 종이 학을 받았다. 그녀는 내심 걱정을 많이 하던 여자였다. 암 진단에 충격을 받은 그녀는 수술이나 다른 치료를 받아도 회복될 수 없을 것이라고 생각했다. 그래서 계속 받아야 하는 치료를 미루고 있었다. 의료진은 그녀에게 회복될 수 있다는 확신을 주려고 무척 애를 썼다. 겨우 설득했지만 확실하게 결심을 굳히지 못했다. 그런데 그날은 전혀 다른 모습이었다. 얼굴에 생기가 감돌았다. 그녀는 수술을 받기로 했다면서 의자 밑에서 상자를 꺼내더니 종이 학을 보여주었다. 섬세하고 우아하게 접은 종이 학이었다. 우리는 잠시 동안 아무 말도 하지 않았다. 종이로 그렇게 아름다운 학을 만들 수 있다는 것이 참으로 놀라웠다.

"그 학이 어디에서 났지요?"

"저를 수술하실 선생님이 저를 위해 만드셨어요."

그녀는 할에게서 들은 천 마리 학에 대한 이야기도 들려주었다. 그녀는 진심으로 경탄했다.

"선생님, 이 학이 얼마나 아름다운지 좀 보세요. 어떻게 이렇게 진짜 학처럼 예쁘게 만들었을까요? 이렇게 학을 잘 접는 선생님이 수술하는데 제가 어떻게 낫지 않을 수 있겠어요? 그 선생님이 저를 위해 이 학을 접었어요."

몇 년 동안 똑같은 훈련을 거친 외과 의사들 중 어떤 사람이 수술을 하면 더 좋은 결과가 나오는 걸까. 미묘한 기술적인 차이일 수도 있지만 그렇지 않을 수도 있다. 아마 어떤 의사들은 수술실에서 환자들을 만나기 전 그들에게 삶의 의지를 불어넣어주는 자신만의 고유한 방법을 터득했는지도 모른다.

22 ___ 나팔수선화

몇 년 전이었다. 매우 이상한 꿈을 꾸었다. 하나의 이미지가 있는 꿈이었는데 깨어나자 기분이 아주 좋지 않았다. 그 꿈이 무슨 의미를 담고 있는지 알 수 없었지만 어떤 메시지를 전해주는 것 같았다. 꿈속에서 나는 덫에 갇힌 듯 답답했고 상심한 상태였다. 꿈의 이미지는 생생했다. 나는 땅속에 심은 나팔수선화의 구근을 보았다. 구근 위에는 크고 무거운 돌이 놓여 있었다. 그 돌 때문에 나팔수선화의 구근은 꽃을 피우지 못했다.

몇 주 동안 이 꿈의 이미지가 너무 강렬해 잊을 수 없었다. 나는 꿈의 분석에 관심을 가진 친구에게 이 이야기를 들려주었다. 그녀는 잠시 생각에 잠기더니 말했다.

"나팔수선화 구근과 돌 사이에 나누어야 할 대화가 있나 봐. 한번 귀를 기울여서 들어봐."

그 말을 듣는 순간 나는 깜짝 놀랐다. 나팔수선화 구근과 돌의 대화가 무엇인지 잘 안다는 생각 때문이었다. 돌이 이렇게 외쳤다.

"위험한 세상이야. 꽃을 피우면 안 돼. 내가 너를 보호해줄 테니까, 너는 그냥 있어."

그렇게 말한 나는 빙그레 웃으면서 다시 말했다.

"돌이 외치는 소리가 꼭 우리 아버지 말씀처럼 들린다."

그녀도 내게 말했다.

"우리 아버지도 늘 똑같이 말씀하셨지."

그녀는 여전히 웃으면서 다른 말도 들어보라고 했다. 나팔수선화 구근은 돌에게 뭐라고 말하는지 생각해보라고 했다.

"나는 꽃을 피워야 해. 꽃을 피우는 게 내가 사는 의미야."

갑자기 그녀가 얼굴을 찡그리더니 말했다.

"너와 위험 사이에 돌이 놓여 있다면 좋은 것일 수도 있지, 그렇지 않아?"

갑자기 내 눈에 눈물이 핑 돌았다.

"그렇지 않아. 정말 아니야."

어째서 눈물이 났는지 알 수가 없다. 우리는 더는 이야기를 진전시키지 않았다. 때때로 나는 이 이상한 꿈에 대해 생각하곤 했다. 한번은 똑같은 꿈을 다시 꾸기도 했다. 여전히 혼란스럽고 기분이 언짢았다.

몇 년 후 나는 진로를 놓고 몹시 고민했다. 진로를 바꿀 생각이었기 때문에 결정을 내리기가 몹시 어려웠고 심하게 스트레스를 느꼈다. 어느 날 아침 깨어보니 등이 너무나 아팠다. 등뼈 오른쪽 부분이었다. 잠을 잘못 잤다고 생각해 아스피린 두 알을 먹었으나 통증은 사라지지 않았다. 3, 4일 정도 지난 후 주치의에게 통증을 호소했다. 그는 진찰을 마치고는 뼈나 근육에 별 다른 이상이 없다고 했다. 통증의 이유를 모르겠다며 스트레스를 많이 받느냐고 물었다. 나는 그렇다고 대답은 했지만 속으로는 스트레스 때문이 아니라고 생각했다. 주치의도 내게 해줄 수 있는 것이 없었다.

통증은 몇 주 동안 지속됐다. 누군가가 침을 맞아보라고 권유했다. 당시에는 침술이 보편화되지 않았지만 원인을 알 수 없는 통증이 심해지자 지푸라기라도 잡는 심정으로 침을 맞으러 갔다. 한의사인 로스만 박사는 한참 동안 내 맥을 짚고 조심스레 진찰했다. 내 등을 따라 가볍게 손가락을 움직이기도 했다. 통증이 느껴지는 곳을 누르자 나는 너무 아파 "악" 하고 소리를 질렀다.

"바로 여기가 막혔네요. 여기에서 생명의 힘인 기가 막혀 있었어요."

그는 바로 그 지점에 침을 놓겠다고 했다. 이전에는 한 번도 침을 맞아본 적이 없었다. 침에 대해 이야기는 들었지만 효과에 대해서는 회의적이었다. 그렇지만 어찌하랴, 나는 가만히 눈을 감고 엎드려 침을 맞았다.

　침이 내 몸을 뚫고 들어오는 순간 시간이 지나 조금씩 희미해진 나팔수선화 구근과 돌의 이미지가 선명하게 떠올랐다. 문득 그 돌이 어떻게 느꼈는지를 알게 되었다. 돌은 구근이 꽃을 피우는 것이 두려웠다. 돌에게 나팔수선화 구근은 굉장히 소중한 존재였다. 그래서 결코 해를 입으면 안 된다고 생각했다. 꽃을 피우면 누구나 바라보게 되고 결국 다칠 수도 있었다. 동시에 나는 한 가지 사실을 깨달았다. 나팔수선화가 꽃을 피우지 못한다면 죽고 말 거라는 사실을.

　우리 가족들에게는 생존이 가장 큰 문제였다. 아버지와 다른 가족들은 대공황과 전쟁을 겪으면서 죽음에 대한 공포를 가지게 되었다. 또한 세상을 살아가는 일이 결코 만만한 것이 아님을 느끼고 있었다. 그들은 어떻게 해서든 살아남기 위해 애썼다. 살아남는다는 것은 강인함의 문제였다. 어떤 상황에서도 안전을 확보하고 유지해야 했다.

　반면 진정한 삶을 산다는 것은 위험 요소가 있지만 열정을 포기하지 않는다는 의미다. 열정을 지닐 때만이 우리는 삶에 온전히 투신하게 되고 그곳에서 보다 더 큰 가치를 찾게 된다. 보람된 삶을 추구하기 위해서는 기꺼이 나 자신을 던지려는 자세가 필요하다.

가족의 한 사람인 어린 나는 그 두 가지의 차이점을 알 수 없었다. 나는 침을 맞기 위해 엎드린 채 이런 생각을 했다.

'온전히 삶과 맞닥뜨리면서 안전을 바랄 수 있을까? 단지 살아남는 것만이 이 삶의 목표일까?'

그 순간 꿈속에서 본 돌은 그 형태를 조금씩 바꾸었다. 나는 눈을 감고 그것을 바라보고 있었다. 돌은 조금씩 늘어나면서 가늘어지더니 어디론가 사라지고 초록색 집으로 변했다. 그 안에서 나팔수선화는 꽃봉오리를 활짝 펼치더니 눈부신 꽃을 피웠다. 너무나도 눈부신 노란 꽃이었다.

나는 엎드린 채 울기 시작했다.

눈 깜짝할 사이 모든 것이 바뀌었다. 돌이 구근에게 꽃을 피우지 못하게 하는 그 이유가 바로 구근이 반드시 꽃을 피워야만 하는 이유였다. 그렇다. 세상은 위험하다. 고통과 외로움과 상실의 아픔이 있다. 바로 그렇기 때문에 나팔수선화는 꽃을 피워야 한다. 세상에는 나팔수선화가 필요하다.

나의 가족은 내게 공포를 가르쳐주었다. 어린 시절 나는 거리의 개에게 물렸을 때 광견병 예방 주사를 맞아야 했다. 그때부터 개만 보면 공포에 떨었다. 아버지는 개를 피하는 것만이 나를 안전하게 해준다고 생각하셨다. 무조건 개를 피하라고 하셨다. 그래서 전에는 단 한 번도 개를 무서워하는 것이 잘못된 것이라는 생각을 해보지 않았다.

침을 맞은 이후로는 등에 통증이 느껴지지 않았다. 놀라웠다. 나는 로스만 박사를 찾아가 감사드리고 이야기를 나누었다. 그는 모든 침이 들어가는 지점에는 이름이 있다고 했다. 내 기가 막혀 있던 지점은 '마음의 보호자'라고 불린다고 했다.

그 후 얼마 되지 않아 나는 의사로서의 출세와 안정이 보장된 스탠포드 의과 대학의 교수 자리를 내놓고 펜실베이니아로 옮겨 갔다. 새로운 방법으로 의술을 펼치려는 꿈을 지닌 사람들과 함께 일하기 위해서였다. 나는 운 좋게 메린 교외에서 빅토리아풍의 아름다운 주택을 월세로 구했다. 오랫동안 대대로 물려오던 집으로, 강한 지진에도 끄떡없었다고 한다. 그 집은 내 마음에 쏙 들었다. 이사를 하고 어느 정도 정리가 되자 풀이 무성한 정원을 손질하기 시작했다. 담장을 덮고 있는 담쟁이덩굴을 걷어 내자 놀랍게도 집을 지은 해와 집의 이름이 새겨져 있었다. 그 집의 이름은 스페인어로 '라 카사 베르데'였다. '카사'는 집이라는 뜻이었지만 '베르데'가 무엇인지 몰라 사전을 찾아보았다. '초록'이라는 뜻이었다.

어떤 것을 안전하고 바르게 보호를 한다는 것은 이 세상을 더 나은 세상으로 바꾸기를 원하는 사람들이 져야 하는 첫 번째 책임인지도 모른다. 그러나 누군가를 진정으로 돌보고 보호할 생각이라면 상처받을 각오를 해야만 한다. 어떤 것을 바꾸려고 할 때에는 반드시 위험이 따른다. 손가락질을 당할 수도 있고 실망을 느낄 수도 있으며 상실의 아픔을 겪을 수도 있다. 당신이 시대를 앞서가려고 한다면 분명히 세상은 박수를 쳐주기보다는 비웃음을 보낼 것이다. 앞장선다는 것은 외로운 일이다. 하지만 진정으로 중요한 것은 다른 사람들이 어떻게 보는가가 아니다. 우리가 그것을 어떻게 바라보고 생각하는가에 달려 있다. 진정한 의미의 보호란 단순히 은신처를 찾아 도피하게 해주는 것이 아니다. 우리 삶을 의미 있게 해줄 참된 안식처를 마련해주는 것이다.

23 __ 고통과 만나는 곳

일반적으로 고통을 겪게 될 때 우리는 그것을 부정하거나 합리화하고 또는 다른 것으로 대치한다. 그 중 어떤 것도 고통을 달래주는 진정한 안식처가 될 수는 없다. 대부분의 사람들은 고통을 우리가 마땅히 축복해야 할 삶과 연관짓지 못한다. 그들은 고통을 삶의 장애물로만 생각한다. 슬프게도 우리 중 누구도 고통을 회피할 수 없다. 고통을 겪는다는 것은 사실 우리 삶의 일부다. 우리가 고통을 피하려고만 한다면 고통을 홀로 겪을 수밖에 없을 것이다.

고통 한가운데에 있을 때 누구에게나 그 고통을 달래줄 안식처가 필요하다. 하지만 진정한 안식처를 찾기란 결코 쉽지 않다. 의과대학에서 유전학에 대한 강의를 할 때였다. 나는 뇌의 성장에 문제가 있는 두 아이를 가진 엄마를 알고 있었다. 여러 가지 검사로 엄마에게 유전 인자가 있다는 사실이 밝혀졌다. 내가 부탁을 하자 그녀는 학생들에게 자기의 이야기를 들려주기로 했다. 그녀가 느끼는 고통은 말로 표현할 수 없는 것이었다. 나는 이야기를 들으면서 그녀가 어떻게 고통을 감당하고 차분히 앉아 이야기를 들려줄 수 있는지 놀라웠다. 마음속으로 그녀를 위해 기도하면서 이야기를 들었다.

나는 학생들의 반응이 궁금했다. 그녀가 이야기를 마치고 강의실을 나간 후 얼마 동안 침묵이 이어졌다. 그 침묵은 그녀가 우리에게 보여준 진정한 어떤 것에 대한 경의였다. 안타깝게도 침묵은 금방 사라지고 학생들은 병의 실체에 대한 토론으로 들어갔다. 남은 반시간 동안 정신 지체에 대해서 그들 나름대로 분석하고 이름을 붙이고 각종 실험 데이터를 거론하고 다양한 정보를 쏟아냈다.

나는 그 모습을 보면서 우리가 조금 전 그 젊은 엄마에게서 목격한 고통의 무게는 토론하는 젊은 학생들의 삶의 체험을 능가하는 것이라고 생각했다. 그 누구도 고통이 어떤 것인지, 고통을 대면하거나 참아내는 지혜를 어디에서 얻을 수 있는지 가르쳐줄 수 없다. 학생들은 병리학적 이해를 통해서 고통에 접근하려고 하지만 의학 지식이 고통이 무엇인지를 알려주지는 못한다. 그들은 다만 과학에서 고통의 피난처를 찾으려 할 뿐이다. 그러나 삶은 그렇게 되어 있지 않다. 과학이 결코 안식처가 될 수 없다. 과학은 고통에서 우리를 보호할 수 없다. 잠시 고통을 잊게 해주는 피난처의 역할을 하지만 점점 더 우리를 두려움으로 몰고 갈 뿐이다.

고통은 우리 주변 어디에나 있다. 우리의 친구나 가족 중에 누군가는 분명히 유방암으로 유방을 절제했거나 에이즈에 감염이 되었거나 치매에 걸렸다. 우리가 아무리 젊다고 해도 친구나 가족 중 누군가를 잃은 경험이 없는 사람은 거의 없다.

우리는 고통을 피하기 위해서 되도록 고통의 상황을 외면하려고 하지만 항상 그렇게 할 수는 없다. 진정으로 삶을 받아들인다면 우리가 겪는 고통이나 다른 사람들의 고통을 연민을 가지고 깊이 들여다봐야 한다. 고통의 상처에서 얻은 지혜만이 진정한 안식처가 될 수 있다. 안식처를 찾는 것은 우리의 마음이 약하기 때문이 아니다. 고통이 없는 삶은 진정한 삶이 아니기 때문이다.

24__길이 만나는 곳

때로 우리 삶을 위협하는 바로 그것이 삶을 더 강하고 풍요롭고 의미 있게 만들기도 한다. 상실과 위기가 오히려 삶의 의지를 불러일으키는 계기가 되는 것이다. 우리 앞을 가로막는 장애를 꿋꿋이 넘어설 때 우리는 영원히 해결할 수 없을 것 같던 난관에서 자유롭게 되고 성장을 체험하게 된다. 내가 상담했던 환자 중 어린 나이에 당뇨병에 걸린 젊은이가 꿈의 형태로 이런 자유의 길을 보여주었다.

데이비드는 열일곱 번째 생일이 지난 지 불과 2주 만에 당뇨라는 진단을 받았다. 그는 덫에 걸린 야생 동물처럼 분노로 어쩔 줄 몰라했다. 당뇨로 인한 여러 가지 제약을 인정하지 않았으며 자학하기 시작했다. 인슐린 주사까지 거부하는 아들을 보다 못한 부모가 간신히 그를 설득해 나에게 오게 했다.

6개월 동안 상담을 받았지만 별 진전이 없었다. 그런데 어느 날 데이비드는 꿈을 꾸었다. 너무나 생생한 꿈이어서 꿈에서 깨어나고 나서도 소년은 자기가 진짜 잠이 들었던 것인지 확신할 수 없었다. 그 꿈속에서 소년은 놀라운 삶의 지혜를 깨달았다.

꿈에서 그는 천장도 없는 빈 방에 앉아 조그만 돌로 만들어진 부처를 바라보고 있었다. 데이비드는 불교라든가 다른 종교에 관심이 전혀 없는 젊은이였다. 다양한 문화를 접할 수 있는 캘리포니아에 사는 덕분에 그것이 부처상이라는 것을 알아보는 정도였다. 전에 부처상을 몇 번 보긴 했지만 이 부처상은 조금 달랐다. 놀랍게도 부처상이 아주 친근하게 느껴졌다. 아마 부처가 자기보다 나이가 많아 보이지 않는 젊은 부처였기 때문이었을 것이라고 소년은 말했다.

소년은 부처상이 어떻게 생겼는지 묘사하려고 애썼다.

"레이첼 선생님, 얼굴이 아주 고요하고 평화로웠어요."

그 부처상에는 말로는 다 표현할 수 없는 무엇인가가 있다고 했다. 그는 말을 멈추더니 한참 생각한 후에 다시 말했다.

"그 부처가 제 깊은 곳에 있는 어떤 소리를 들으려는 것처럼 느꼈어요."

데이비드는 방 안에 혼자 있으면서 말할 수 없는 평화를 느꼈다. 소년은 아주 짧은 순간 자신에게는 결코 익숙하지 않은 평화를 맛보았다. 그런데 갑자기 뒤에서 비수가 날아와 부처의 가슴 깊이 꽂혔다. 데이비드는 깊은 충격을 받았다. 심한 배반감에 절망과 분노가 엄습해왔다. 순간 데이비드에게 한 가지 의문이 떠올랐다.

"왜 삶이 이 모양이지?"

바로 그때였다. 부처상이 서서히 커지기 시작했다. 깨닫지도 못할 만큼 아주 서서히 커졌다. 하지만 부처상은 분명히 커지고 있었다. 데이비드는 순간 부처가 커지는 것은 가슴에 꽂힌 비수 때문임을 깨달았다.

부처상은 계속 커졌고 얼굴은 여전히 자비로웠다. 비수가 부처의 아름다운 얼굴을 변화시킬 수는 없었다. 점차 비수는 웃음을 띤 부처의 가슴에서 아주 작고 검은 점으로 바뀌었다. 이것을 바라보는 동안 데이비드는 말할 수 없는 평화를 느꼈다. 소년은 오랜만에 깊은 안도의 숨을 쉬었다. 꿈에서 깨어났을 때 소년은 자기가 울고 있는 것을 알았다.

사람들은 일반적으로 자기의 꿈을 이야기하면서 그 꿈의 의미를 더 깊이 이해하게 된다. 데이비드도 내게 꿈 이야기를 하면서 처음 부처의 가슴에 꽂힌 비수를 보았을 때의 느낌이 무엇인지 비로소 알아챘다. 비수가 꽂혔을 때 그를 엄습했던 절망과 분노, 삶이 왜 이 모양이지?라고 던졌던 그 물음은 자신이 당뇨라는 진단을 받았을 때의 느낌과 똑같았다. 그는 "병이 제 삶의 중심을 찔렀을 때"라고 말했다. 소년의 반응은 부처가 보인 반응과는 아주 달랐다.

데이비드는 이 꿈을 자신이 다시 인생이라는 방의 문을 열고 들어가는 이미지로 보았다. 의사가 맨 처음 병을 알려주었을 때 그의 반응은 분노와 절망이었다. 소년은 자신의 삶은 끝났고 더는 나아갈 길이 없다고 생각했다. 그러나 우리에게 일어날 수 있는 가장 신비한 방법으로 삶은 그에게 다른 길을 제시했다. 꿈을 통해 소년은 새로운 삶에 대한 희망을 보았다. 비록 병을 지녔지만 그것은 점점 작아지고 자기는 계속 성장할 수 있음을 깨달았다. 그가 살아가야 할 삶이 결코 쉽지는 않지만, 그는 좋은 삶을 살게 될 것이다.

흔히 지병을 앓는 사람들은 병 자체 때문이 아니라 병이 자기 삶을 무력하게 했다는 생각 때문에 더욱 큰 고통 속으로 빠져든다. 병은 분명 여러 가지 면에서 잔인하고 우리를 외롭게 하고 활동에 제약을 주고 두렵게 한다. 그러나 우리 안에 있는 생명력은 그 모든 것보다 더 강하다. 인내를 가지고 견디면 병에 대처하는 방법을 터득하게 된다. 누구나 데이비드가 꾼 꿈과 똑같지는 않더라도 비슷한 꿈을 꾸게 된다. 그것이 바로 우리가 병에 걸렸다고 하더라도 삶이 우리에게 베푸는 축복이다.

25 __ 마음으로부터

벌써 58년 전의 일이다. 그때 우리는 맨해튼에 있는 아파트에 살았는데, 나는 그 인근 유치원에 다녔다. 나이 든 부모의 외동딸로 태어난 나는 아주 겁이 많고 수줍음을 타는 소녀였다. 다른 아이들과 어울리는 데 상당한 시간이 걸렸다. 처음에는 유치원에 가서도 엄마나 유모가 벤치에 앉아서 지켜봐야만 겨우 아이들과 놀 수 있었다.

어느 날은 혼자서 아이들과 놀게 되었다. 할로윈 데이가 가까운 날이었다. 유모는 나를 유치원에 두고 가버렸다. 나는 다른 아이들과 가면을 만들면서 시간을 보냈다. 정오가 가까웠을 때 선생님들이 우리가 만든 가면에 끈을 달아 모두가 가면을 쓰도록 도와주었다. 잠시 후 엄마들이 아이들을 데리러 왔다. 나는 교실을 향해 걸어오는 엄마를 보고 손을 흔들었다. 엄마는 아무런 반응을 보이지 않았다. 나는 엄마가 내가 누구인지를 모른다는 사실을 알았다. 순간 나는 겁에 질려 울기 시작했다. 엄마가 달래주려고 아무리 애를 쓰고 알아보지 못한 이유를 설명해도 소용이 없었다. 가면을 쓰고 있어도 나는 내가 누구인지 아는데 왜 엄마는 몰랐는지 도저히 이해할 수가 없었다. 다시는 유치원에 가기가 싫었다. 그곳에서 나는 보이지 않는 존재이고 너무나 외롭고 너무나 상처받기 쉬운 존재로 느껴졌기 때문이었다.

우리 모두는 가면을 쓴다. 너무나 오랫동안 가면을 쓰고 살았기 때문에 가면을 쓰고 있다는 사실조차 잊어버린다. 때로는 우리의 문화가 가면을 쓰라고 강요하기도 한다.

라베라는 의과 대학 1학년 때의 사건을 내게 이야기해주었다. 의과 대학 1학년은 긴장의 연속인 시기다. 하루에 16시간 이상을 공부해야 한다. 학생들은 일과가 끝나면 기숙사 지하의 농구장에서 잠깐씩 농구를 하곤 했다. 어느 날 농구를 하던 중에 한 학생이 갑자기 쓰러졌다. 어떻게든 손을 써보려고 했지만 그는 맥없이 죽고 말았다. 겨우 스물한 살의 청년이었다. 학생들은 모두 충격을 받았지만 그 후 아무도 그 일에 대해 언급하지 않았다. 학교 측도 이 비극을 무마하기에만 급급해 학생들의 심리 상태 따위는 신경조차 쓰지 않았다. 심지어 학교에서는 아무도 장례식에 참여하지 않았다. 죽은 학생의 짐이 고향의 부모에게 보내졌을 뿐이었다. 같은 학년의 학생들은 모두 깊은 슬픔에 빠졌지만 이내 학교 공부에 전념했다. 더는 누구도 그에 대해 말하지 않았다. 몇 개월이 지나자 그 일은 마치 오래전에 잊혀진 사건처럼 되었다.

2학년이 되고 학생들은 병리학을 배우기 시작했다. 선천적인 결함을 지닌 병에 대한 실험 시간이었다. 교수가 특정한 병을 가진 인체의 한 부분이 들어 있는 상자를 보여주었다. 학생들은 장갑을 끼고 그것을 관찰한 후 옆의 학생에게 건네주었다.

그 중에 선천적으로 기형인 관상 동맥을 가진 심장이 있었다. 학생들이 그 심장을 세밀하게 들여다보면서 관찰하고 있을 때였다. 교수가 아무렇지도 않게 그 심장이 바로 작년에 죽은 학생의 심장이라고 말했다.

라베라는 머리를 들지 않고 주변을 살펴보았다. 아무도 반응을 보이지 않았다. 모든 학생들이 초연해 보였다. 그들은 다만 의학적 관심을 보일 뿐 아무런 감정의 반응이 없었다. 순간 그녀는 공포를 느꼈다. 자신 역시 의사라는 무감정의 가면을 쓰고 있다는 것을 깨달았다. 실험실의 누구도 그녀의 괴로움을 눈치 채지 못했다. 그녀는 안도의 한숨을 쉬었다. 자기도 훌륭히 의사가 될 수 있다고 생각했다고 한다. 그녀는 그런 초연한 감정을 기르는 것이 진짜 의사가 되는 길이라고 여겼다.

라베라는 이야기를 마치고는 눈을 감고 한참 동안 아무 말 없이 앉아 있었다. 잠시 후 그녀는 몸을 떨며 오열하기 시작했다.

나는 의사가 된 지 35년이 지난 후에야 전문가로 살면서 동시에 마음으로 사는 것이 가능하다는 사실을 알게 되었다. 그것은 결코 의과 대학에서 배우지 않았다. 의과 대학의 교육은 과학적인 객관성을 유지하도록 가르친다. 결코 감정이 개입되는 것을 허락하지 않는다. 과학적인 것이 아닌 다른 관점은 용납되지 않는다. 마음으로 보는 것은 비전문적인 것일 뿐만 아니라 위험하다고 여긴다. 마음으로 보는 것은 우리의 판단을 흐리게 하거나 무능하게 할 수 있다고 본다. 그런 교육은 우리 자신의 본성을 병들게 했다. 우리는 반드시 치유될 필요가 있다. 나는 마음으로 사물을 대하고 인간적인 의사가 되는 것이 전문가로서 뒤떨어지는 것이 아님을 깨닫는 데 많은 세월이 걸렸다.

의과 대학에서는 가장 중요한 부분인 마음을 버리는 것이 환자를 위해 더 좋은 의사가 되는 길이라고 교육받았다. 결국 나는 더 좋은 봉사를 위해서라는 명목으로 인간성을 버렸다. 그러나 그러한 교육이 제대로 봉사하지 못하게 할 뿐만 아니라 스스로를 탈진시키고 냉소적으로 만든다는 사실을 알았다. 그리하여 점차 무감각해지고 외로움에 빠져 우울증에 걸릴 수 있음을 깨달았다. 마음을 버리면 인간은 약해질 수밖에 없다.

마음 안에는 삶의 어떤 체험을 변화시키는 힘이 내재되어 있다. 무슨 일을 하든지 인생의 참다운 의미를 찾고 인생을 완성시켜 나가려면 지식이나 전문성을 추구하는 것 못지않게 마음을 계발하는 법을 배워야 한다. 지식만으로는 인간답게 살거나 남을 위해 봉사할 수 없다. 그렇게 하기 위해서는 우리가 쓴 가면을 벗어 던져야 한다.

26 __ 온전성

처음 진을 만났을 때 그녀는 심리 치료 분야에서 최소한의 환자들을 돌보며 근근히 버텨 나가는 듯 보였다. 그녀는 다른 의사들과 함께 일했다. 내 눈에 그녀가 그 팀의 일원으로서 자기에게 오는 환자를 받으며 다른 의사들의 밥상에서 떨어지는 부스러기라도 얻으려는 것처럼 보였다. 그녀의 사무실은 그 팀 중에서 가장 작았고 명패조차 붙어 있지 않았다. 그녀가 대단히 헌신적이고 재능이 있는 심리 치료사임에도 불구하고 소극적인 태도를 지닌 것이 의아했다. 그러나 진은 자기가 환자들을 받으려면 다른 의사들의 의뢰가 필요하다고 했다.

진은 늘 수줍어하는 여자였다. 그녀는 때로 불필요한 변명을 하기도 하고 적당한 말을 찾지 못해 머뭇거리는 어눌한 사람이었다. 미숙해 보였으며 때로는 얼빠진 모습을 보이기도 했다. 그녀의 그런 모습 때문에 더 사랑스럽게 느껴질 때도 있었다. 그녀가 맡은 환자들은 그녀를 아주 좋아했다.

어느 날 점심 식사를 하면서 그녀는 사무실을 옮긴다고 말했다. 나는 그녀가 더 좋은 곳으로 독립해 나가는 줄 알았다. 왜 옮기려고 하는가 묻자 그녀는 뜻밖의 말을 했다.

"이곳은 휠체어로 드나들기가 너무 불편해서요."

나는 깜짝 놀라 그녀를 바라보았다. 그녀는 눈을 내리깔고 말했다.

"레이첼 선생님, 말씀드리지 못해 죄송해요. 몇 년 전 심한 뇌졸중을 앓았어요. 완전히 회복하기는 불가능하다고 해요."

"정말 몰랐어요."

그녀는 고개를 끄떡였다.

"알아요. 아무에게도 말하지 않았어요."

나는 가끔 그녀가 말을 더듬고 행동이 부자연스럽다고 생각했지만 뇌졸중 환자라고는 전혀 짐작도 못했다. 진은 정말 기적과 같은 사람이었다. 몇 년 동안 자신의 상태를 알리지 않고 전문가로서 일하는 것이 얼마나 힘들었겠는가를 생각하니 한편 놀랍고 연민이 일었다.

"진, 왜 그렇게 비밀로 하려고 했어요?"

그녀의 눈에 눈물이 맺혔다.

"저는 이렇게 된 것이 전문가로서 타격이고 부끄러운 일이라고 느꼈어요. 저 혼자 감당해야 할 몫이라고 생각했어요. 정상으로 보여야 전문가로서 더 잘해낼 수 있을 줄 알았어요."

그녀는 철저히 비밀을 유지하려고 애썼다. 동료 의사들도 환자들도 아무도 몰랐다. 그녀는 남들이 이 사실을 알면 더는 환자를 받을 수 없으며 자신이 환자 취급을 받으리라고 우려했다.

"이제 어떻게 하려고 해요?"

그녀는 무릎 위에 올려놓은 자신의 손을 내려다보면서 말했다.

"이제는 그냥 저 자신이 될 거예요. 그리고 지금부터는 저와 같은 사람들을 돌볼 생각이에요. 다른 사람들과 같지 않은 사람들 말입니다. 뇌졸중이나 중풍으로 뇌에 손상을 입은 사람들요. 다시는 정상으로 되돌아올 수 없는 사람들이 많잖아요. 저는 그들이 온전히 인간답게 살아가도록 도울 수 있을 거예요."

지난 5년 동안 진은 전공인 심리 치료 분야에서 두각을 나타내 유명해졌다. 여러 기관에서 공로상을 받기도 했고 신문에서 그녀에 대한 기사가 다루어지기도 했다. 그녀는 대기업이나 종합 병원에 강사로 초대되어 연설하기도 했다. 그녀에게 도움을 받은 사람들은 다른 사람들에게 그녀를 추천해주었다. 그녀는 심리 치료사로서 성공했다. 물론 그녀의 사무실에는 버젓이 그녀의 명패가 걸려 있다. 진정으로 남에게 봉사하기 위해 그녀가 가져야 했던 것은 자기의 결점을 기꺼이 드러낼 수 있는 용기였다.

27 __ 분명해지기까지

상담을 시작한 지 6개월이 지났을 때까지도 여전히 페트리시어는 두려움에 대해 이야기했다. 나는 그녀에게 앞으로 한 달 동안만 단순한 두려움이라도 결코 자신에게 허락하지 말라고 했다. 그녀는 내 말이 무슨 의미인지 알아듣지 못한, 곤혹스러운 눈빛을 띠었다. 나는 조심스레 설명했다. 지난 6개월 동안 관찰한 바에 의하면 페트리시어는 어떤 일에나 첫 번째 반응은 무조건 두려움이었다. 나는 그 반응이 얼마나 진실한 것인지 의심스럽다고 했다. 쉽게 말해 그녀의 반응이 진짜 두려움을 느꼈기 때문이라고 믿지 않는다고 했다.

그녀는 자기에 대한 연민의 마음이 전혀 없다고 화를 벌컥 냈다. 내가 상담을 해주기는 하지만 진실한 마음으로 만나는 것이 아닐 뿐더러 자기를 전혀 이해하지 못한다고도 했다. 나는 분명하게 말했다.

"아닙니다. 그렇지 않아요. 지난 6개월 동안 당신을 만나면서 확실하게 느낀 거예요. 당신이 느끼는 두려움은 실은 실제 당신의 삶과는 아무런 상관이 없어요."

그녀는 마음을 가라앉힌 후에 어떻게 하면 되는지 물었다.

"어떻게 해야 두려움을 허락하지 않는 거지요?"

그러면서 그녀는 자기가 하루에도 여러 번 실제적인 두려움을 느낀다는 것을 다시 한번 상기시키려고 했다.

"알아요. 그래서 한 가지 실험을 제안하는 거예요."

나는 그녀에게 두려움을 느낄 때마다 그것은 다만 그녀가 느끼는 반응일 뿐이라고 생각하라고 했다. 말하자면 첫 번째 반응이 그녀에게 가장 익숙한 반응일 것이다. 그러고는 첫 번째 반응에 이어지는 다음 반응을 살핀 후 그것이 무엇인지 생각해보라고 했다. 그 반응이 그녀의 진짜 반응이라고 말이다.

나는 다시 덧붙였다.

"스스로에게 물어보세요. '두려움을 느끼지 않는다면, 두려움을 느끼는 것이 허락되어 있지 않다면 이 일 대해 나는 어떻게 반응할 것인가?' 하고 말이에요."

그녀는 별로 내키지 않는 듯했지만, 그렇게 해보겠다고 했다. 처음에 그녀는 자신이 하루에도 여러 번 두려움을 맛보는 것을 알고 실망했다. 오래지 않아 그녀는 두려움에 대한 자신의 첫 번째 반응은 마치 칼로 찔리는 것과 같은 느낌이었지만 조금 머물다 보면 사건에 대해 여러 가지로 다양하게 반응하고 쉽게 다른 곳으로 이동할 수 있음을 알았다. 그녀는 스스로를 두려움에 속박시켜버렸다는 것을 깨달았다. 이전에는 한 번도 이런 방식으로 두려움에 도전해볼 생각을 못 했다.

몇 주가 지나자 그녀는 자기가 정말 어떤 일에 대해서 실제로 두려워했는지조차 의문을 품게 되었다. 처음으로 그녀는 두려움이란 것이 슬개근 반사와 같은 일종의 습관일 뿐이었음을 알았다. 오래전 그녀의 삶에서 일어난 일에 대처하는 방법이 습관처럼 되어 그녀의 몸에 배었던 것이다. 그 후 몇 달 동안 그녀는 두려움을 느낄 때마다 잠시 반응을 멈추었다. 그러고는 정말 자신이 느끼는 두려움이 진실한 것인지 습관적인 것인지 물었다. 그때마다 그녀는 자기가 정말로 두려워하는 게 아님을 알게 되었다.

시간이 지나면서 그녀는 자기의 일을 다른 사람들에게 보여주면서도 두려워하지 않게 되었다. 두려움이라는 것 없이 성공에 다다를 수 있는지 확신할 수는 없지만 어떤 것을 시도할 필요는 있다. 두려움 없이 자신을 다른 사람에게 소개하기도 하고 도움이 필요한 사람에게는 두려움 없이 다가가 도와주겠다고 할 수도 있다. 심지어는 화가 난 사람에게도 두려움 없이 다가갈 수 있다.

그녀의 어머니는 모든 일에 두려움을 지니고 산 사람이었다. 어머니의 삶에서는 안전을 유지하는 것이 가장 중요한 일이었다. 페트리시어는 자기의 삶에서는 그것이 가장 중요하지 않다는 사실을 깨닫게 되었다. 그녀의 어머니는 늘 어떤 일이 잘못되지는 않을까 하는 조마조마한 마음으로 행복하지 못한 삶을 살았다. 어느 날 페트리시어가 전화를 했다.

"레이첼 선생님, 저는 지금까지 어머니의 두려움을 안고 살았어요. 어머니의 가치에 따라 살았어요. 그동안 제가 어머니의 삶을 살아온 것이라면 이제는 저의 삶을 살아야 할 거예요."

나 역시 어린 시절 아버지가 지닌 두려움에 싸여 있었다. 한때 심리 치료사의 도움까지 받아야 했다. 그때 나는 내가 살아온 삶의 방식을 살펴보고 어떤 것이 습관적인 반응인지 알아냈다. 그 심리 치료사는 좋은 친구가 되었다. 그녀는 내게 은으로 정교하게 만든 팔찌를 선물했다. 그 팔찌에는 clear라고 새겨져 있었다.

그녀는 그 팔찌가 내게 아주 소중한 물건이 되리라는 것을 알았다. 1년이 넘도록 나는 늘 팔찌를 끼고 다녔다. 팔찌를 받은 지 몇 달이 지나 왜 내 이름 대신 clear라는 낱말을 새겼는지 그녀에게 물었다.

"레이첼, 사전에서 clear가 무슨 뜻인지 찾아봐요."

사전을 뒤지자 놀랍게도 clear라는 낱말에는 60가지도 넘는 뜻이 있었다. 그 중 가장 많은 의미는 자유와 연관된 것이었다.

'장애로부터의 자유', '죄의식으로부터의 자유', '비난으로부터의 자유', '혼란으로부터의 자유', '덫으로부터의 자유', '제약으로부터의 자유', '빚으로부터의 자유', '흠집으로부터의 자유', '의심으로부터의 자유', '환상으로부터의 자유', '불확실로부터의 자유', '애매모호함으로부터의 자유', '두려움으로부터의 자유' 등등. 그 낱말의 궁극적인 의미는 '빛의 인도를 받아 온전하게 섬길 수 있는' 것이었다.

  때로 어떤 것이 clear해지기까지, 다시 말해 '빛의 인도를 받아 온전히 남을 섬길 수 있을 때까지는' 일생이 걸리기도 한다. 그래도 상관없다. 아무리 오랜 시간이 걸린다고 해도 그것을 위해 시간을 보내는 일은 인생에서 가장 가치 있는 일이다.

IV
영혼의 쉼터

28 __ 달라이 라마

어느 날 아침 친한 동료 의사가 내게 말했다.

"오늘 달라이 라마를 위한 정찬에 초대받았는데 같이 가지 않겠어요?"

나는 선뜻 대답하지 못하고 망설였다. 그러나 많은 사람들이 각자(覺者)라고 믿는 사람을 만나볼 수 있는 좋은 기회임에 틀림없었다. 나는 늘 '깨달음'과 '깨달은 사람'에 대한 적잖은 관심을 지니고 있었다. 그동안 소위 각자라는 사람들을 몇 명 만나보았지만 별로 다른 사람들과 차이를 느끼지 못했다. 오히려 실망을 느꼈던 기억을 떠올리면서 어쩌면 달라이 라마는 그들과 다를지도 모른다고 생각했다.

환영 정찬은 샌프란시스코에서 가장 유명한 고급 호텔에서 열렸다. 순진하게도 나는 3, 40명 정도가 초대되는 오붓한 정찬인 줄 알았다. 그런데 그게 아니었다. 커다란 홀에는 샌프란시스코의 부유한 사람들과 정치인, 언론인과 명사들이 다 모인 듯 엄청 많은 사람들이 북적거렸다. 몇천 달러 나가는 고급 양복을 입은 남자들과 유명 디자이너가 만든 명품 옷을 걸친 여자들이 술잔을 들고 이야기를 나누면서 달라이 라마가 나타나기를 기다렸다.

그 자리는 몹시 어색하고 불편했다. 이야기를 나누던 사람들은 유명한 사람이 나타나면 그가 있는 쪽으로 자리를 옮겼다. 나의 동료 의사도 이 자리를 불편해했다. 그래서 우리는 문을 향해 천천히 걸어 나갔다. 바로 그때 달라이 라마가 도착했고 사람들에게 인사를 나누기 시작했다. 달라이 라마와 인사를 나누려는 사람들이 자연스럽게 줄을 만들었고 우리는 비교적 앞줄에 서게 되었다.

내 동료 의사는 자기가 치료하는 암 환자를 위해서 뽑은 커다란 사진을 들고 왔다. 그녀는 이 사진들을 달라이 라마에게 보여 주고 한 가지 질문을 할 생각이었다. 사진들은 크게 확대한 것으로 무거운 나무 액자에 들어 있었다. 그녀는 그것을 쇼핑백에 담아 왔다. 달라이 라마가 가까이 오자 그녀는 액자를 쇼핑백에서 꺼내려 했지만 사람들에게 밀려 쉽지 않았다. 겨우 쇼핑백에서 사진들을 꺼내는 순간 쇼핑백이 바닥으로 떨어졌다.

그녀는 개의치 않고 달라이 라마에게 자기 소개를 한 후 자기가 하는 일과 그 사진에 대해 이야기했다. 나는 그녀의 뒤에 서 있었기 때문에 가까이에서 그들의 이야기를 들을 수 있었다. 그

169

들은 넓은 홀에 그들밖에는 없는 것처럼 서두르지 않고 이야기를 나누었다. 대화가 마무리가 되면서 달라이 라마는 미소를 지었다. 그리고 몸을 굽혀 친구의 발밑에 떨어져 있는 쇼핑백을 집었다. 그러고는 쇼핑백을 열어 친구가 사진을 도로 넣을 수 있도록 그녀를 향해 입구를 벌려주었다.

그런 작은 제스처가 얼마만한 힘을 가지고 있는지 말로는 설명할 수 없다. 후에 그 순간을 곰곰이 돌아보면 그 방의 어떤 누구도 그렇게 하지 않았을 것 같다. 단지 그의 행동 때문에 특별히 그 장면을 기억하는 것은 아니었다.

달라이 라마의 제스처 속에서 나는 그의 마음을 느낄 수 있었다. 달라이 라마는 기꺼이 나의 동료에게 일어난 문제에 응해주고자 했다. 나는 그에게 내재한 순수한 기쁨을 느꼈다. 바닥에 떨어진 쇼핑백을 주워 사진을 다시 넣는 것은 내 동료에게도 달라이 라마에게도 전혀 중요한 일이 아니었다. 어쩌면 그런 상황에서는 문제조차 되지 않는 일이었다. 그러나 바로 그 순간 나는 달라이 라마를 진정으로 만났다고 생각했다. 세상에 어느 누가 그토록 많은 사람이 인사를 하려고 기다리는 상황에서 쇼핑백을 집어 벌리고 있을까? 누구도 그런 방식으로 할 수는 없을 것이다.

무어라 설명할 수는 없지만 나는 그의 작은 행위를 통해 내 안에 내재한 외로움, 때로 버림받은 것처럼 느껴지던 어떤 부분이 깊은 위로를 받는 것을 느꼈다. 다분히 감상적인 생각일지 모르지만 나는 마음속으로 중얼거렸다.

"이분은 진정한 나의 벗이야."

그 순간 그것은 진실이었다. 아니, 지금도 여전히 진실이다.

29__누군가를 알게 될 때

나는 47년 동안이나 크론병을 앓아왔다. 오랫동안 별 문제가 없었는데 1981년 갑자기 여러 가지 두려운 증세가 나타났다. 가끔 걷잡을 수 없이 떨리기 시작했고 체온이 39도까지 올라갔다. 얼굴이 확 달아오르기도 하고 피곤이 몰려왔으며, 완전히 탈진이 되어 고통을 겪어야 했다. 여러 가지 복잡한 검사들을 해보았는데도 원인을 알 수 없었다. 검사 결과 이상이 없다고 나왔지만 나의 건강 상태는 분명 정상은 아니었다.

여러 달이 지나는 동안 이런 증세는 점점 더 자주 일어났고 심해졌다. 나는 정기적으로 의사들을 만났다. 그들이 내 병에 대해 구체적인 도움을 주어서가 아니었다. 달리 어떻게 해야 할지 몰랐기 때문이었다. 결국 나의 증세에 대해 더는 의사들에게 말하지 않게 되었다. 그들도 더는 듣고 싶어하지 않는다고 느꼈기 때문이었다.

증세가 점점 악화되면서 나는 틀림없이 위험한 일이 일어나고 있다고 느끼기 시작했다. 설명할 수 없는 두려움이 엄습했다. 내 생명을 좌지우지하는 일련의 사건들이 일어나는 세상을 커다란 창문을 통해 망연히 바라본다는 느낌이 나를 옥죄었다. 불안해졌다. 그래서 한 연구 기관의 자문위원회에서 만난 외과 의사에게 진료 예약을 했다.

닥터 스미스는 어느 종합 병원의 외과 과장이었다. 그 병원의 특성은 환자가 의사와 얼마 동안 시간을 가질 것인지 미리 예약하는 시스템이었다. 나는 15분 동안 면담하기로 예약을 했다. 대기실에서 기다리는 동안 약속을 한 것이 슬그머니 후회가 되었다. 시간만 낭비한다는 생각이 들었다. 나의 주치의를 비롯한 우리 병원의 의사들이 몇 시간씩 시간을 내 검사하고 진찰해도 아무 소용이 없었다. 그가 15분 동안 나를 만나서 무슨 도움을 줄 수 있을까 하는 생각이 들었다.

조용히 문을 노크하는 소리가 들리고 닥터 스미스가 들어왔다. 그는 내게 인사를 하고 자리에 앉아 몇 분 동안 내가 가져온 진료 기록지를 읽었다. 그는 나를 향해 부드러운 어조로 말했다.

"어떤 일로 오셨는지 말씀해주시겠어요?"

나는 그의 얼굴을 바라보았다. 그의 눈빛에 담긴 나에 대한 깊은 관심이 느껴졌다. 나는 최근 일어난 일들을 자세하게 말했다. 일반적인 증세에서부터 이상한 냄새 때문에 자다가 깬 일, 방향 감각을 잃어 집에 오는 길을 찾지 못했던 일 등을 모두 말했다. 내 목소리는 가늘게 떨렸다. 그는 두 손을 맞잡고 내 얘기를 들었다.

나는 고요한 가운데 다른 증세에 대해서도 말했다. 그것은 다른 의사들에게는 하지 않았던 이야기였다. 맨 처음 나를 진찰한 의사가 크론병이라는 진단을 내리면서 40세 전에 죽을지도 모른다고 했다는 이야기, 아버지가 예기치 않은 사고로 돌아가시게 된 일, 심장병을 앓는 어머니를 모셔온 일 등에 대해 얘기했다. 여러 가지 합병증을 보이는 어머니를 잘 돌봐드릴 수 있는지, 내 건강 상태로 계속 환자들을 볼 수 있는지에 대한 불안을 말하고 친구가 나를 저버렸다고 느꼈을 때의 외로움 등에 대해서도 털어놓았다. 그리고 나는 울기 시작했다.

나의 이야기를 전부 하는 데 불과 10분 정도밖에 걸리지 않았다. 그동안 닥터 스미스는 전혀 말을 끊지 않고 귀를 기울여 듣기만 했다. 말을 마쳤을 때 그는 몇 가지 질문을 했다. 그 질문을 통해 그가 내 말을 잘 들었으며 상황을 제대로 이해하고 있음을 느꼈다. 그는 내 손을 잡아주며 얼마나 힘든지 알겠다고 말했다. 그는 내가 느끼고 있는 고통을 이해했고 깊은 관심을 보여주었다.

"우리가 알지 못하는 어떤 일이 일어나고 있는 것이 틀림없군요."

그는 진료 기록지를 보면 당장 내 생명을 위협하는 일이 일어날 가능성은 거의 없으니 안심하라고 말했다. 그는 어떤 일이 일어나고, 만약 수술을 해야 하는 일이라면, 자기가 해주겠다고 말했다. 그는 나를 바라보며 미소를 지었다.

"우리 함께 기다려봅시다."

다른 의사들이 그런 것처럼 그도 특별한 진단을 내리지는 못했다. 그가 보여준 것은 깊은 관심과 동료애, 앞으로 나쁜 일이 일어나면 도와주겠다는 순수한 마음이었다. 15분 동안의 짧은 만남에서 그는 내가 느끼는 소외와 외로움을 덜어주었다. 그 당시에는 잘 몰랐지만 그것이 나를 변화시켰다. 누군가 나를 알고 이해하고 관심을 기울이고 있다는 사실이 얼마나 큰 힘이 되었는지 모른다. 어떤 일이 일어나더라도 받아들일 용기를 지니게 되었다. 몇 달 후 아랫배 깊숙이 숨어 있던 큰 농양이 엑스레이 상에 나타났다. 약속대로 닥터 스미스가 수술을 해주었다.

30 __ 영혼의 쉼터

다른 사람들에게 우리가 가져다줄 수 있는 가장 중요한 것은 우리 안에 존재하는 침묵일 것이다. 드러내지 못한 비판과 불평으로 가득 찬 침묵을 말하는 것이 아니다. 안식처가 되고 영혼의 쉼터가 되는, 우리를 있는 그대로 받아주는 침묵이다. 우리 모두는 이런 침묵을 몹시 목말라한다. 침묵 안에서 우리는 말로 표현할 수 없는 평화를 맛보고 새롭게 살아갈 힘을 얻는다. 침묵은 위대한 힘이 있는 장소이며 치유의 장소다. 침묵은 하느님의 무릎이다.

진정한 성장은 우리 안의 침묵 속에서 이루어진다. 우리가 침묵 속에서 성장을 이루게 되면 단순히 다른 사람을 위험에서 구조해주기만 하는 것이 아니라 영혼의 안식처가 될 수 있다. 한 사람의 삶의 과정을 조용히 지켜보고, 있는 그대로 받아들이는 지혜를 지닐 수 있다.

나는 아주 유능한 에이즈 전문 의사를 안다. 루시아는 지금도 돌아가신 할머니의 영정을 집에 모시고 있다. 그녀는 출근하기 전 몇 분 동안 할머니의 영정 앞에 앉아 있곤 한다. 그녀의 할머니는 이탈리아에서 태어났다. 할머니는 가족을 가깝게 만들어주는 접착제 역할을 했다. 그녀는 지혜를 타고난 사람이었다. 루시아가 아주 어렸을 때 고양이가 사고로 죽었다. 어린 루시아는 처음으로 접하는 죽음에 큰 충격을 받았다. 부모님은 루시아에게 고양이는 하늘 나라에 있으니 슬퍼하지 말라고 했다. 루시아에게는 전혀 위로가 되지 않았다. 루시아는 하느님께 고양이를 돌려달라고 기도했다. 그러나 하느님은 기도를 들어주지 않았다.

루시아는 울면서 할머니에게 왜 하느님이 자기의 기도를 들어주시지 않는지 물었다. 할머니는 다른 어른들처럼 고양이가 하늘 나라에 있다고 말씀하지 않으셨다. 대신 할머니는 루시아를 꼭 껴안아주며 할아버지가 돌아가셨을 때를 상기시켜주었다.

"루시아야, 그때 할머니도 할아버지를 돌려달라고 기도했지만 하느님은 들어주지 않으셨단다."

할머니는 루시아에게 그 이유를 알지 못한다고 말씀하셨다. 루시아는 할머니의 따뜻한 품에서 실컷 울었다. 그리고 다시 할머니를 쳐다보았을 때 할머니의 눈에도 눈물이 고여 있었다. 비록 할머니가 물음에 답해줄 수는 없었지만 루시아는 상실감과 외로움이 엷어지는 것을 느꼈다. 죽은 고양이가 하늘 나라에 있으니 안심하라는 말은 아무런 위안이나 힘이 되지 못했다. 그녀가 말했다.

"레이첼, 제 할머니는 무릎이었어요."

그녀가 말을 이었다.

"말하자면 영혼의 쉼터였지요. 저는 에이즈에 대한 의학적인 지식을 많이 알아요. 하지만 내가 정말 에이즈 환자들을 위해서 하고 싶은 것은 그들에게 무릎이 되어주는 거예요. 그들이 직면해야 하는 고통을 혼자서가 아니라 누군가와 함께 나누는 그런 장소가 되어주는 거죠."

안식처나 영혼의 쉼터란 우리가 부닥친 삶에서 도망쳐 갈 도피처를 의미하지 않는다. 그것은 새로운 힘을 얻는 장소다. 다시 시작할 수 있는 용기를 얻고 감사의 마음으로 삶을 헤쳐 나갈 힘을 얻는 장소를 찾는다는 의미를 지닌다.

31__본향으로 돌아가기

임종 환자들을 돌보는 어느 호스피스 관계자가 내게 삶의 마지막 순간까지도 한 사람이 변화되는 경우는 참 드물다고 말했다. 사람들은 대개 삶을 살아오는 동안과 똑같은 성격, 똑같은 방식으로 죽음을 맞는다는 것이다. 대부분의 경우 그것이 사실일 것이다. 그러나 전혀 다른 체험을 할 때가 있다.

다음은 내 환자의 외동딸이 아버지가 죽은 후 내게 보낸 편지다. 그녀는 의사다.

아버지는 돌아가시기 전 몇 주 동안 제게 전혀 다른 모습을 보이셨습니다. 아시다시피 아버지는 불 같은 성격을 지닌 분이셨지요. 분명한 의사 표현을 해야만 했습니다. 애매모호한 것은 못 견뎌 하시는 분으로 대화를 나누기가 참 어려웠지요. 저는 아버지와 지난 몇 주 동안 예전 같았으면 도저히 나눌 수 없는 많은 대화를 나누었습니다. 아버지는 탁월한 업적을 남기신 분이에요. 저는 아버지께 여쭈었습니다.

"삶을 사시는 동안 세상에 공헌하신 일이 무엇이라고 생각하세요? 아버지의 인생에서 가장 가치 있는 일이 무엇이었어요?"

저는 아버지가 받았던 여러 상들을 떠올렸습니다. 분명 아버지가 그 중 하나를 말씀하실 줄 알았어요. 그런데 아니었어요. 아버지는 미소를 지으며 말씀하셨지요.

"물론, 너란다, 애야."

저는 이전에는 단 한 번도 아버지께 칭찬의 말을 들어본 적이 없었어요. 그러나 이제 그 말로 충분하다고 생각합니다.

놀랍게도 우리는 죽음에서 지성소를 발견하기도 한다. 여기서 지성소란 우리 문화나 우리 안에서 참된 것이 아닌 모든 것에서 벗어난 진정한 안식처를 말한다. 우리는 자신을 보호하고 인정을 받기 위해 우리 안에 있는 진실하고 소중한 것을 덮어두라고 배웠다. 우리는 이런 식으로 살아왔기 때문에 진실을 따르는 것이 본래 우리의 길이라는 사실조차 잊어버렸다. 그러나 많은 사람들이 죽음을 직면하면 비로소 가면을 벗는다. 그리하여 자기의 역할과 기대, 자기에게 진정한 것이 아닌 삶의 방식들을 버리게 된다. 처음에는 더는 그것들을 지닐 힘이 없기 때문에 버릴지도 모른다. 그러나 마침내 그런 것이 더는 중요한 것이 아님을 깨닫기 때문에 버린다. 그들은 본래의 자기 자신의 집으로 돌아간다. 그들과 함께 있으면 우리도 본래 우리 자신의 집으로 돌아갈 수 있다.

죽음은 우리를 보다 온전하게 한다. 죽음의 순간 인간은 가장 중요한 가치를 비로소 깨우치며 진정한 사랑의 모습을 찾는다. 죽음 앞에서 인간은 진정한 관계의 의미를 되찾게 된다. 상실의 고통에도 불구하고 죽음은 인간 관계의 근원적인 회복을 가져온다. 지난 몇 년 동안 죽음을 통한 아름다운 치유를 수없이 보아왔다. 죽음은 일종의 헌신이며 섬김이라는 생각이 든다. 어떤 사람들은 죽음을 맞는 순간 남아 있는 사람들에게 가장 진실한 본연의 모습을 드러냄으로써 새로운 문을 열어준다.

32 _ 중심을 찾기

어떤 일에 의미를 부여하면 강한 힘을 발휘하게 된다. 의미는 체험을 승화시키는 힘을 지니고 있다. 아무리 힘든 일이라도 나름대로의 의미를 찾으면 감사한 마음으로 그 일을 하게 된다. 의미는 영혼의 언어다. 타인에 대한 봉사와 섬김은 그 의미와 목적이 명확하지 않으면 계속하기 어려운 일이다.

10년 전 일이다. 호스피스 병동의 일일 피정에 강사로 초대를 받았다. 직원들의 스트레스를 줄이고 서로간의 화합을 도모하기 위한 시간이었다. 병동의 모든 직원들뿐만 아니라 의사와 간호사들도 참여했다.

호스피스 병동은 병원 내에서 별도의 건물을 사용했다. 50명 가량의 직원들은 서로를 잘 몰랐다. 또한 의사와 간호사들과 직원들 사이에는 겉으로 드러나지는 않지만 어떤 벽이 있었다. 몇 년 동안 그런 상태가 지속되었다. 호스피스 병동의 책임자가 가장 염려하는 문제였다. 피정은 그 때문에 이루어졌다. 책임자가 병동이 돌아가는 상황에 대해서 설명을 해주었을 때 나도 모르게 인도의 카스트 제도를 떠올렸다.

"레이첼 선생님, 단순히 스트레스를 푸는 것만이 아니라 병동의 사람들 모두가 자신의 일이 중요하다는 사실을 알게 되었으면 해요. 각자의 업무가 병동의 모든 일에 꼭 필요한 것이라고 느낄 수 있어야 해요. 선생님이 오전 강의를 맡아주세요."

나는 다소 마음이 무거워졌다. 그녀가 원하는 것이 무엇인지는 알겠지만 여하튼 어려운 과제임에는 분명했다. 더구나 한나절의 시간으로 그토록 미묘한 문제를 해결하기는 어려웠다. 나는 곰곰이 생각하다가 문득 메리온 웨버를 떠올렸고 곧 전화를 넣었다. 그녀는 사회 복지 기관에서 의사들의 평생 교육 프로그램 책임자로 있는 친구였다. 그녀는 공동체의 형성과 치유의 면에서 탁월한 선생이었다. 또한 인간의 무의식에 대한 깊은 이해를 지닌 예술가다. 나는 대강의 과제에 대해 설명을 해주고 물었다.

"어떻게 생각해요?"

그녀는 웃으면서 말했다.

"전혀 문제 없어요. 걱정하지 마세요. 호스피스 병동은 하나의 조직이고 그곳 사람들은 저마다 중요한 역할을 담당하고 있어요. 그것은 새로운 사실이 아니지요. 다만 사람들이 그 사실을 모를 뿐이에요. 그것을 느끼게 해주면 됩니다."

그녀는 내가 강의할 내용을 차근차근 일러주었다. 나는 그녀의 제안에 따라 피정에 참석할 사람들에게 엽서를 띄웠다. 환영한다는 말과 함께 호스피스 병동에서 자신이 하는 일의 의미를 상징적으로 나타내는 작은 물건을 하나씩 가져오라고 썼다. 그 용도는 밝히지 않았기 때문에 일단 사람들의 호기심을 끌어낼 수 있었다.

피정 날 아침까지도 나는 일이 잘 풀려 나갈지 확신하지 못했다. 전에는 그렇게 많은 사람 앞에서 그런 일을 해본 적이 없어 다소 염려가 되었다. 하지만 그날 나는 깊은 강이 우리 일상의 발 아래로 흐르고 있음을 발견했다. 우리는 그곳에 발을 담그기만 하면 놀라운 일을 경험하게 된다.

메리온이 제시한 과제는 아주 단순했다. 모든 사람들이 양탄자가 깔린 방바닥에 앉았다. 거의 50명 정도였다. 그들이 같은 병동에서 일하면서 같은 장소에 모여 앉은 적이 있을까 하는 생각이 들었다. 처음에 그들은 어색해했고 불편한 심기를 드러냈다. 나는 그들에게 한 사람씩 자기 이름을 말하고 가져온 물건을 보여달라고 했다. 그리고 그 물건이 호스피스 병동에서 자기 자신이 하는 일을 드러내는 것이라면 어떤 상징을 지녔는지 말해 달라고 했다.

방 안에는 고요한 침묵만이 흘렀다. 잠시 후 젊은 남자가 먼저 일어섰다. 존이라고 이름을 밝힌 남자는 가져온 물건을 사람들에게 보여주었다. 그것은 수족관에 들어 있던, 도자기로 만든 다리였다. 그는 그것을 손에 든 채로 사람들에게 말했다. 그는 자신의 일이 죽음을 맞는 환자와 가족들의 두려움과 고통을 호스피스들의 치유의 힘과 연결시켜주는 다리 같은 것이라고 말했다. 그가 아직 10대 소년이었을 때 그의 어머니는 외롭게 투병하다가 죽음을 맞았다. 그는 자신의 일이 매우 중요하게 생각된다고 말했다.

내가 그에게 물었다.

"병동에서 무슨 일을 하시지요?"

그가 말했다.

"전화 교환원입니다."

방 안에 있던 사람들은 모두 숙연해졌다. 나는 감동을 받았으며 그에게 그것을 방 한가운데에 가져다놓으라고 시켰다. 모두가 침묵 속에서 다리를 바라보았다. 경직되어 있던 방 안의 분위기가 조금씩 풀리기 시작했다.

다음 사람은 중년 여성이었는데 하트 모양의 크리스털로 만든 문진을 보여주었다. 그녀는 우리에게 자기의 일은 말로 표현된 것과 말로 표현되지 않은 것을 듣는 일이라고 말했다. 그녀는 정신을 집중해 듣는 훈련을 받았지만 이 일을 하게 되면서 마음으로 듣는 법을 배웠다고 했다. 오랫동안 그녀는 자신에게 따뜻한 마음이 있는지 몰랐다면서 이제 이 일은 그녀에게 아주 중요한 일이 되었다고 했다. 그녀는 병동에서 사회 사업가였다. 그녀는 그 하트를 존이 가져온 다리 바로 옆에 놓았다.

한 사람씩 차례로 자기가 가져온 물건과 자기가 하는 일의 의미를 연관시켜 말했다. 각자 가져온 물건들은 모두 독특하고 모두 달랐다. 작은 등대, 가족 사진첩, 자비의 여신상, 손전등, 십자가 형태의 못, 어린 시절의 곰 인형, 아기의 신발 등 다양한 물건들이 방 안을 채우게 되었다. 모든 물건들은 그들 각자가 병동에서 봉사하는 한 단면을 상징적으로 보여주면서 전체적으로 조화를 이루었다. 전에는 어깨를 스쳐 지나가면서도 인사조차 하지 않던 사람들이 관심과 존경의 마음으로 서로의 이야기를 귀 기울여 들었다. 말로 표현할 수 없는 어떤 것이 조금씩 방 한가운데에서부터 보이기 시작했다. 전에는 한 번도 본 적이 없지만 실은 그것이 그들 가운데 항상 있었다. 그것은 바로 그들 각자가 전체의 일부분을 이루고 있다는 사실이었다.

피정이 시작되기 전 호스피스 병동의 책임자가 나를 찾아왔다. 깜빡 잊어버리고 물건을 가지고 오지 않았는데 괜찮겠느냐고 물었다. 나는 그녀에게 사무실에서든 승용차 안에서든 그녀의 일을 상징하는 물건을 찾아보라고 했다. 그때 그녀는 어정쩡한 표정을 지으며 물건을 찾으러 나갔다.

피정이 어느 정도 무르익자 그녀가 자리에서 일어났다. 그녀는 솔직하게 물건을 가지고 오는 것을 잊었다고 말했다. 그런데 레이첼이 찾아보라고 해서 자기에게 적합한 물건을 겨우 찾아냈다고 했다. 그녀는 주머니에서 주먹만 한 돌을 꺼내 보여주며 원래 가지고 오려고 했던 것보다 더 적합한 것 같다면서 미소를 띠었다. 그것은 단순한 돌이었다. 땅에서 파냈기 때문에 아직 흙이 묻어 있는 돌멩이였다. 그녀가 손바닥에 올려놓은 돌을 보여주자 모두 의아한 눈초리로 그것을 바라보았다.

"이 돌은 부드럽지도 않고 따뜻하지도 않지만 절대로 변하지 않습니다. 돌은 언제나 묵묵히 그 자리를 지키죠. 우리는 이 단단한 돌로 집을 지을 수도 있습니다."

그녀는 부드러운 얼굴로 걸어 나와 그 돌을 초와 하트와 부처상 옆에 놓았다. 침묵 속에서 우리는 그것을 바라보았다. 그것은 호스피스 병동의 여러 가지 일의 상징을 드러내는 것이었다. 절대 없어서는 안 되는 꼭 필요한 것 중 하나였다. 고요함 속에서 나는 방 안에서 어떤 변화의 움직임이 일어나는 것을 느낄 수 있었다. 마치 상담 치료를 받은 환자가 평소의 친근한 것에서 새로움이나 깊은 의미를 발견할 때 일어나는 변화와 같은 것이었다. 병동 책임자의 권위와 결단력은 병동의 모든 사람들에게 위압감을 느끼게 했었다.

마지막 단계에서 나는 모두 일어나 물건들을 바라보면서 천천히 방 안을 돌게 했다. 모두 다른 방향에서 보게 하기 위한 의도였다. 각각 상징적인 의미를 담고 있는 소중한 물건들이 하나로 뭉쳐진 듯 보였다. 간호사, 의사, 전화 교환원, 청소부, 사회 사업가, 의무 기록사 등 다른 일에 종사하는 사람들의 물건이 아름다운 조화를 이루면서 놓여 있었다. 간호사의 것인지, 의사의 것인지, 청소부의 것인지 알 수 없었다. 두 시간이 조금 넘는 짧은 시간의 작업이었지만, 피정을 통해 일의 차이로 인해 그들을 갈라놓은 벽이 허물어지고 있었다. 그들은 모두 한 목적을 위해 일한다는 일치감을 가지게 되었다. 누군가가 훌쩍거리는 소리가 침묵을 깨뜨렸다.

모든 봉사와 타인을 섬기는 일에는 영혼이라는 것이 내재되어 있다. 일에 참여하고 그 일을 지속하도록 하는 어떤 것이 있다. 그러나 반복되는 일에 타성이 붙으면 영혼의 의미를 잃게 된다. 그래서 의미를 되새길 기회를 만들어야 한다. 그 의미가 손으로 만져질 듯 느끼게 하고 볼 수 있게 하는 것이 중요하다. 영혼은 우리가 일을 유지할 수 있도록 도와주고 지치지 않고 봉사하도록 우리를 축복해줄 것이다.

33__처음으로 한 말

거의 만 세 살이 되기까지 나는 말을 하지 못했다. 소아과 의사는 나의 출생 과정이 너무 힘들었고 발육이 늦기 때문에 많은 것을 기대하지 말라고 했다. 그는 내가 말을 더디게 할지도 모르며 어쩌면 말을 하지 못할 수도 있다고 말했다. 부모님들은 걱정이 태산 같았다. 그들은 내가 말하는 것을 도울 수 있는 모든 방법들을 시도해보았다. 물건을 가리키고 그것의 이름을 말해주고 한 낱말을 반복해서 들려주었으며 몇 시간 동안 책을 읽어주기도 했다. 정신 지체일지 모른다는 말까지 나왔다. 그러나 외할아버지께서는 그런 모든 말을 일축하셨다.

"아이의 눈을 들여다봐라. 아니야. 아이는 괜찮다."

외할아버지는 언제나 내가 다 알아듣는 것처럼 내게 말을 건네셨다. 어쩌면 나는 진짜 외할아버지의 말을 알아들었는지도 모른다.

추수 감사절 날이었다. 저녁 식사 때 내가 처음으로 말을 했다고 한다. 식구들은 깜짝 놀랐지만 비로소 안도의 숨을 내쉬었다. 보통은 부엌에서 엄마가 밥을 먹여주었는데 그날은 명절이라 어른들과 식탁에 앉아 식사를 했다. 두꺼운 전화 번호부가 놓인 탁자에 앉은 내가 갑자기 몸을 반쯤 돌리고 엄마에게 이렇게 말했다는 것이다.

"소금 좀 주세요."

살아오면서 나는 수없이 내가 처음 말문이 틔었던 그 순간에 대해 들었다. 어린 시절 나는 그 이야기만 들으면 웃음을 터트렸다. 사실 그것은 내가 처음으로 한 말이 아니었다. 내가 처음에 한 말은 두 살 가량부터 외할아버지가 계속해서 들려준 말이었다. 오랜 세월 동안 정통 유대법을 신봉하는 유대인들은 말을 하기 시작한 어린아이에게 '쉐마'라는 히브리말을 가르쳤다. '들어라. 이스라엘아, 너희 주 하느님께서는 유일하신 분이시다' 하는 의미였다. 전통적으로 '쉐마'는 위험이 닥쳐왔을 때나 죽음의 순간에 말하기도 했다. 이것은 세상의 가장 본질적인 것을 드러내는 말이다.

이 말은 내가 외할아버지에게 들은 많은 신비스런 이야기 중의 하나였다. 조금 더 자랐을 때 나는 '쉐마'가 무슨 뜻인지 자세히 설명해달라고 했다.

"네쉬메레야, '쉐마'는 고통과 절망에도 불구하고 삶은 가치 있다는 의미란다."

나는 그 의미를 알 수 없음에도 불구하고 어째서 내게 그 말을 가르쳐주셨는지 물었다. 외할아버지는 미소를 지으시고 말씀하셨다. 우리가 사람으로 태어나는 순간은 이 삶에서 가장 어려운 순간이다. 사람으로 살아가기 위해서는 큰 용기가 필요하다. 그 때문에 영혼들은 때때로 인간이 되는 결정을 미루기도 하고 어떨 때는 자기도 모르게 사람의 몸 안에 들어가게 되어 그것을 발견하고는 힘들어하기도 한다.

"네쉬메레야, 너는 태어날 때 아주 큰 어려움을 겪었단다. 그래서 너의 영혼은 사람이 된다는 것이 얼마나 어려운지를 처음부터 느꼈을 거다."

나는 출생 예정일보다 훨씬 앞당겨 태어났다고 한다. 그 때문에 영혼은 아직 삶을 택할 준비가 안 되었을 것이고 많이 놀랐을 거라고 설명하셨다. 나의 영혼은 내가 인큐베이터에 머무는 동안 내 속에 머물러야 할지 떠나야 할지 망설였다. 그 후에 세상에 나와서도 내 영혼은 작은 새처럼 두려워했고 조심했다. 외할아버지는 그것을 느낄 수 있었다고 하셨다. 외할아버지는 내 영혼이 의지할 수 있는 말을 해주기 위해 내가 말도 배우기 훨씬 전에 '쉐마'를 가르쳤다고 말씀하셨다. 외할아버지는 내 영혼이 그것을 발견하면 힘이 생길 것이라고 믿었다.

34__본향으로 가는 길

　암 환자들을 상대로 20년 동안 일을 해오는 동안 나는 우리의 생각과 실제 삶의 괴리로 인해 얼마나 많은 스트레스가 생기는가를 알았다. 스트레스란 단순히 시간에 쫓기거나 일이 많거나 하는 문제라기보다 내면의 문제라는 생각이 든다. 자신의 가치관을 가지고 성실하게 살아간다면 스트레스는 그리 큰 문제가 아니다.

　암 진단을 받고 큰 스트레스를 받을 것이라고 생각되는 암 환자들에게서 오히려 스트레스가 줄어드는 것을 경험한 후 나는 그것을 알게 되었다. 환자들은 고통의 순간 오히려 참된 삶의 기쁨을 되찾았다. 병이 온갖 걱정과 두려움을 유발한다는 것은 두말 할 필요도 없는 사실이다. 하지만 그들이 받는 스트레스는 건강했을 때보다 오히려 줄어든다. 사람들은 병이라는 고통을 통해 비로소 그들에게 가장 중요한 것이 무엇인지를 알게 된다. 그들은 처음으로 자신의 삶을 온전히 남을 위해 살고자 바치게 되는 경우가 많다. 그들 자신의 내면의 가치를 깨뜨린 상황과 관계를 견디기 위해 힘쓰기보다 필요한 변화를 위해 에너지를 쏟는다.

유방암으로 항암 치료를 받는 여성이 자기 스트레스 수치의 변화를 알고 무척 놀라게 되었다고 내게 편지를 보냈다.

저는 처음으로 제 자신의 별을 바라보며 항해를 시작했습니다. 어처구니없게도 저는 그동안 제 별이 아닌 다른 별들을 따라 항해를 하고 있었지요. 다른 사람에게 키의 손잡이를 내어주고 방향을 조종하도록 했던 것입니다. 그동안 저는 제 자신의 의지와는 상관없이 항해를 해왔습니다. 그러나 이제 저는 제 배가 어디로 향해야 할지 길을 찾았습니다. 지금부터는 거기에 충실하려고 해요. 이것은 제 배이며 제 별을 따라가도록 되어 있으니까요. 선생님은 무슨 연유로 제가 전보다 더 평화로워졌는지 알고 싶어하셨지요? 글쎄요, 아마 제가 더는 갈팡질팡하지 않고 저의 별을 따라 항해를 하기 때문일 거예요.

우리 각자는 그와 같은 별을 하나씩 가지고 있다. 우리는 그것을 영혼이라고도 부른다. 불행하게도 우리는 오직 깜깜한 암

흑 속에서만 자신의 별을 제대로 보게 되는 것이다. 그래서 고통을 겪고 나서야 비로소 자신의 별을 따라가게 되는 경우가 허다하다.

스트레스의 근본 원인은 윗사람이 못살게 굴거나 아이가 말썽을 부리고 연인과의 관계가 깨지는 데 있지 않다. 영혼의 감각을 잃는 데 있다. 그렇다면 스트레스를 없애기 위해서 시도하는 모든 방법들은 별 도움이 되지 않을 것이다. 스트레스는 우리가 영적인 본성을 거스르면 대가를 치르게 된다는 인식을 지닐 때에만 비로소 해소될 수 있다. 사실 우리가 영혼을 지니고 있는 것이 아니라 바로 우리가 영혼임을 깨달아야 한다.

우리를 일깨우고 영혼의 감각을 깊게 해주는 여러 가지 방법들이 있다. 기도, 묵상, 성가 부르기, 요가, 단식, 선 등등. 그런데 많은 놀라운 일들 중 하나가 상실의 체험이다. 나는 자신에게 가장 중요한 것이라고 여겼던 모든 것을 상실한 사람들을 통해 영혼의 힘이 얼마나 위대한지를 깨우쳤다.

몇 년 전이었다. 내 환자 중 유방암을 앓던 여자가 꿈 이야기를 들려주었다. 그녀는 당시 힘든 항암 치료를 받고 있었다. 그녀는 꿈에서 어떤 여자가 산을 만드는 것을 바라보았다. 꿈속의 여자는 구슬땀을 흘리면서 돌을 날라 산봉우리를 쌓았다. 부지런히 돌을 담아 나르면서 밤낮 없이 일을 하더니 드디어 산을 만들었다. 봉우리에는 흰 눈이 덮인 멋진 산이었다. 그 환자는 산의 정상에 올라섰다.

"아주 놀라운 이미지네요."

"그래요. 그것은 제게 아주 익숙한 이미지예요. 바로 제 삶이지요. 하지만 저의 예전 삶입니다. 저는 항상 일하고 또 일했어요. 저는 회사에서 점점 승진했어요. 저는 꿈속의 여자가 산꼭대기에 서 있는 것을 바라보면서 자부심을 느꼈습니다. 대단한 능력과 추진력이 감탄할 만하다고 생각하면서요."

그녀는 잠시 말을 멈추더니 다시 시작했다.

"그런데 말예요, 놀랍게도 산의 중턱에 커다란 구멍이 생겨났어요. 저는 산이 무너지기 시작하는 것을 보았지요. 깜짝 놀라 그녀에게 피하라고 소리를 지르려고 했어요. 그러나 목소리가 나오지 않더군요. 그저 바라볼 수밖에 없었죠. 마침내 산꼭대기까지 무너져 내렸어요. 여자는 마비가 된 것처럼 꼼짝도 못하고 있었어요. 잠시 후면 여자에게로 산이 덮치려는 순간이었어요. 여자는 자기가 나는 법을 알고 있었다는 것을 깨달았지요."

나는 몹시 감동을 받고는 이 꿈이 그녀에게 어떤 의미를 지니는지 물었다. 그녀는 살며시 웃으며 우리가 힘이라고 생각하는 것과 실제로 우리가 지니고 있는 힘은 다르다고 말했다.

영혼은 생각이나 신념이 아니다. 꿈과 음악, 예술, 그리고 부모가 되는 체험을 통해서 아무런 대가 없이 우리를 일깨워준다. 그것은 때로 우리 일상의 삶의 한가운데에 갑자기 들이닥친다. 영적인 체험은 배움을 통해 일어나는 것이 아니다. 삶의 한순간 우리에게 발견된다. 이것은 우리에게 무상으로 주어진다. 교육을 많이 받았거나 그렇지 않거나 상관없이 전혀 기대하지 않을 때 우리에게 다가온다. 많은 사람들은 그러한 순간을 대수롭지 않게 흘려보내기도 한다. 그것에 큰 가치를 두지 않거나 알아채지 못할 때도 있다. 하지만 바로 그것이 우리 삶을 바꾼다.

이웃에 살던 매우 현실적인 사람이 내게 그런 체험에 대해 들려주었다. 그녀는 자신이 겪은 일을 말해주면서 그 속에 깃든 의미를 물었다. 그녀는 집 안 청소를 하고 있었다고 한다. 별 생각 없이 방을 쓸고 걸레질을 했다. 순간 그녀는 자신의 인생이 자기 앞으로 지나가고 있다는 느낌을 받았다. 처음 겪는 느낌이었다. 그녀는 자신이 살아오는 동안 우연이라고 생각했던 일들과 그 당시 자신의 선택이 일치했다는 것을 깨달았다. 그 안에는 필연성이 깃들여 있었다. 전에는 한 번도 이런 생각을 한 적이 없었음에도 전혀 이상하지가 않았다. 그녀는 지난 몇 년 동안 알지 못하는 어떤 이끌림에 의해 살아왔음을 느꼈다.

"선생님은 어떻게 생각하세요?"

"아주 중요한 체험이라고 생각되네요."

"그래요. 그런데 그게 전부가 아니에요."

그녀는 부엌에서 빗자루를 들고 서 있었다. 그녀의 영혼은 이 새로운 의식으로 가득 찼다. 그녀는 자기에게 일어난 모든 일이 어떤 일정한 방향을 따라 풀려가고 있었다는 사실을 깨달았다. 갑자기 그녀는 인생은 신뢰할 만한 것임을 알게 되었고 기쁨의 눈물을 흘리기 시작했다.

그녀가 말했다.

"저는 이 체험을 다른 사람들과 나누려고 했어요. 그런데 어떻게 말해야 할지 몰랐어요. 이상하지요? 그것이 저에게는 너무나 생생한데요."

"아직도 생생해요?"

"그럼요. 처음만큼 강렬하지는 않지만 여전히 느낄 수 있어요. 특별히 제 삶의 방향에 관한 부분은 그래요. 이제 분명히 따라가야 할 제 별을 갖게 된 것처럼 느껴져요. 아시지요? 옛날 선원들은 별을 따라 항해했잖아요. 아마 우리 모두가 그럴 거예요."

그녀는 웃으면서 말했다.

"잘 이해가 안 되시지요? 그러나 저는 그 이후에 분명히 스트레스가 적어졌고 덜 외롭게 느껴요."

이와 같은 체험들이 나를 놀라게 했다. 어떤 것을 아는 데는 여러 가지 길이 있다. 때로 우리는 전혀 이해할 수 없었던 것을 섬광이 번쩍거리듯 단 한순간에 깨닫게 된다. 부엌에서 하느님의 숨결을 느끼는 일이 언제나 가능하다. 아마 우리 모두는 진실한 자아를 가리키는 내적인 나침반을 지니고 있는지도 모른다. 우리가 그것을 따라가든 따라가지 않든 그것은 언제나 우리를 본향으로 향하는 바른 길을 가르쳐준다.

35 __ 성 프란치스코에게 말해봐요

존과 나의 관계는 이스트 베이 병원의 소아과 수련 부장이 전화를 걸어오면서 시작되었다.

"문제가 있는 레지던트가 있어요. 똑똑하고 괜찮은 의사인데 이곳의 모든 사람들과 문제를 일으키네요. 사람들에게 모욕을 주기도 하고 자꾸 사람들의 신경을 건드리거든요. 태도가 바뀌지 않으면 내보내려고 해요. 좀 만나주시겠어요? 다루기 쉬운 사람은 아니에요."

그때 나는 젊은 암 환자 3명을 돌보고 있었다. 건강한 누군가를 상담하는 것도 나쁘지 않을 거라는 생각이 들었다.

"그러지요."

나는 그 다음 주 초반에 약속 날짜를 잡았다. 아마 그가 오지 않을지도 모른다고 생각했다. 그러나 존은 정시에 나타났다. 그는 검은머리에 몸집이 큰, 강렬한 인상의 젊은이였다. 그는 구겨진 흰 의사 작업복을 입었으며 목에는 파일럿의 스카프처럼 청진기가 흔들거렸다. 그는 나와 마주 앉았다. 그는 팔짱을 낀 채 못마땅하다는 얼굴로 나를 쳐다보았다. 나는 그에게 미소를 건넸다. 그래도 그의 표정은 달라지지 않았다.

"존, 안녕하세요? 어떻게 여기 오게 되었지요?"

그가 맥 빠진 목소리로 말했다.

"그들이 보낸 거지요. 여기 오지 않으면 레지던트 과정을 끝내주지 않겠대요."

나는 속으로 시작이 별로 좋지 않다고 생각했다. 그때까지만 해도 내가 존을 좋아하게 되리라고는 꿈에도 생각하지 않았다.

"그들이 이 시간을 마련해준 건가요?"

그는 좀 사나운 표정으로 말했다.

"그들이 상담 비용을 대거든요."

나는 고개를 끄떡였다.

"그래서 시간을 어떻게 보내고 싶어요?"

우리는 서로를 재면서 한참 동안 침묵 속에 앉아 있었다. 나는 이 젊은이에게서 느껴지는 열정에 깊은 인상을 받았다. 그리고 그에게 중요한 것이 무엇일까 궁금했다. 그가 드디어 말하기 시작했다.

"말씀을 드리지요."

나는 그를 향해 몸을 더 가까이 하고 귀를 기울였다.

불과 몇 분이 지나지 않아 그의 문제가 의과 대학과 병원의 제도에 대한 분노에서 비롯되었다는 것이 명확해졌다. 존은 병원에서 돌아가는 전반적인 상황과 제도에 대해 엄청나게 화가 나 있는 상태였다. 그는 여러 가지 불평을 했다. 병원은 자기들을 일주일에 거의 80시간씩 부려먹으면서 청소부 아주머니들에게 주는 만큼도 월급을 주지 않는다. 선배 레지던트들은 그를 우습게 알고 하인처럼 부려먹는다. 잠도 제대로 잘 수 없고 음식도 형편없다. 아무도 자기에게 관심이 없다. 수련 부장은 병원 경영진들에게 잘 보이려 할 뿐 인턴이나 레지던트들의 권익에는 관심도 없다 등등.

존은 동료 의사들에 대해서도 화가 나 있었다. 그들이 환자들을 무성의하게 대한다는 것이었다. 동료 레지던트 몇 명이 정신지체가 있는 어린 여자 환자 앞에서 그녀가 알아듣지 못하는 것처럼 병의 증세에 대해 아무 거리낌없이 이야기한다고 했다. 다른 레지던트는 다리가 부러진 유아에게 진통제 주사 놓는 것을 잊어먹고는 아이가 너무 어려 통증을 호소할 수 없을 거라고 말하는 소리를 들었다고 했다. 그는 계속해서 동료 의사들이나 병원이나 그의 직업에 대한 불평을 늘어놓았다. 나는 한 시간이 끝날 때까지 그의 얘기를 듣기만 하다가 다음 약속을 정했다.

몇 번의 상담이 거의 같은 방식으로 이루어졌다. 나는 대체로 그의 얘기를 듣기만 했다. 존은 자기 주변 사람들 대부분이 냉정하고 어리석고 마음이 차고 형편없다고 느꼈다. 그의 분노는 상당히 깊었다. 가끔 그의 감정이 너무나 격렬해져서 의자에 앉아 있지 못하고 말하면서도 방 안을 왔다 갔다 했다. 마치 화염에 싸인 것 같았다.

그런데 어느 때부터인가 상황이 달라지기 시작했다. 네 번째 상담이 거의 끝나갈 무렵이었다. 그는 환자 부모의 전화에 응답하지 않은 동료 레지던트에 대한 자기 마음을 솔직하게 표현했다.

"환자는 어린아이예요. 그녀는 이 사람들이 놀랐다는 걸 모른단 말이에요? 부모들이 정말 어떻게 해야 할지 몰라 쩔쩔매는데 그녀는 아무런 관심도 없어요. 그럴 수가 있어요?"

그의 얼굴은 분노로 붉어졌다. 나는 그를 향해 부드럽게 말했다.

"존, 그것이 진짜 문제는 아닌 것 같아요. 당신이 아직 스스로에게 묻지 않은 더 큰 문제가 있는 것 아니에요?"

그는 잠시 침묵 속에서 나를 응시했다. 그리고 어린애 같은 목소리로 말했다.

"왜 늘 일이 이 모양이지요? 왜 어린아이들이 고통을 겪어야 하지요?"

그는 매우 고통스러워했다. 나는 놀랐지만 침묵을 지켰다. 그는 갑자기 두려움에 사로잡힌 얼굴로 나를 쳐다보았다. 이를 악물고 참으려 했지만 오열이 그의 입에서 터져 나왔다. 당황한 그는 얼른 손수건을 꺼내 눈물을 닦아내고는 방에서 나가버렸다.

틀림없이 존은 자신의 감정을 통제하지 못했다는 데에 자존심이 상했을 것이다. 그가 계속 상담을 받으러 올지 확신을 가질 수가 없었다. 그러나 다음 약속 시간에 그는 어김없이 나타났다.

"이제 더는 오지 않을 거라고 말씀드리려고 왔어요."

"좋아요. 그러나 이왕 여기까지 왔으니 마지막 상담을 하면 어떻겠어요."

그는 잠깐 망설였다.

"이미 상담비는 지불되었으니까요."

내 기대와는 달리 그는 쉽게 동의했다. 나는 오늘은 마지막 상담이니 어떤 이미지를 사용해보자고 제의했다. 처음에는 자기는 과학도이므로 그런 것에는 관심이 없다면서 거부했다. 나는 아무 말도 하지 않고 기다렸다. 그는 잠시 생각하더니 허락했다.

"좋아요. 해보지요."

그에게 편안히 앉아 눈을 감으라고 했다. 우리는 몇 분 동안 가만히 앉아 있었다. 점점 그는 천천히 숨을 쉬었다. 나는 눈을 감은 그의 얼굴이 얼마나 부드러운지 놀랐다. 몇 분이 지난 후 그에게 제안했다. 그가 소아과 의사로서 일을 하는 의미와 고통과 연관되는 이미지를 떠올려보라고 했다. 존은 즉시 이미지를 떠올렸다. 그것을 묘사해보라고 하자 자기 나이 또래의 남자라고 했다.

"존, 그가 어떻게 생겼지요?"

"그는 머리가 아주 길고 수염을 길렀어요."

"어떤 옷을 입고 있어요?"

"하얀색이오."

나는 그 남자가 존이 입은 것과 같은 흰 재킷에 바지를 입은 모습일 거라고 생각하면서 그런지 물었다.

"아니에요. 그는 긴 망토 같은 옷을 입었어요."

잠시 멈추더니 다시 말했다.

"샌들을 신었어요."

"그에 대해 어떤 느낌이 드나요?"

"그는 좀 당황하고 있어요."

"왜 그가 당황하는지 아세요?"

"몰라요. 그런데 그는 아주 부드러워요."

"그가 부드러운지 어떻게 알지요?"

존은 내 질문에 언짢은 기색을 드러냈다.

"그의 얼굴을 봐요. 그의 눈도요. 그는 정말 부드러워요."

그는 잠시 말을 멈추었다가 다시 말했다.

"이건 너무 당황스러워요. 그만 눈을 뜨겠어요."

나는 몇 분만 더 참고 그 이미지에 머물러보라고 격려했다.

"계속 그를 바라봐요. 그가 무엇을 하고 있지요?"

"그는 아무것도 하지 않아요. 그냥 서 있어요."

"계속 바라봐요."

"그는 그냥 거기 서서 저를 바라보고 있어요."

"어떻게 서 있어요?"

"팔을 앞으로 내밀고 서 있어요."

"내게 보여줘요."

그는 천천히 자기 앞으로 팔을 내밀더니 손바닥이 위로 가게 했다.

"좋아요. 계속 그를 바라봐요."

"너무 어리석어요. 그는 단지 거기 서서 팔을 앞으로 내밀고 있어요."

"계속 바라봐요."

"그는 가만히 서서 부드러운 눈으로 저를 바라보고만 있어요."

나는 아무 말도 하지 않고 존이 눈을 감은 채 팔을 앞으로 내밀고 앉아 있는 모습을 바라보았다. 방 안에는 적막이 흘렀다. 마지막으로 존이 다시 말했다. 자제력을 잃은 목소리였다.

"이 사람은 팔을 내밀고 마냥 서 있을 수 있나 봐요. 영원히······."

몇 분 간 더 침묵이 흘렀다. 갑자기 존이 팔을 떨어뜨리고는 울기 시작했다. 그냥 눈물을 흘리는 것이 아니라 가슴이 미어지듯 흐느껴 울었다. 그는 여전히 눈을 감은 채 한참 동안 울었다. 겨우 울음을 그쳤을 때 무슨 일이 있었는지 물었다.

"아주 작은 새가 왔어요. 그의 손에 앉아 있었어요."

그는 잠시 입을 다물었다. 그리고 여전히 눈은 감은 채 미소를 지으며 말했다.

"그와 함께 있으면 안전해요."

그 이미지는 아씨시의 성 프란치스코임에 틀림없었다. 나 역시 소아과 의사로 일할 때 성 프란치스코의 이야기에 깊은 감동을 받았다. 존의 분노와 고통 속에는 자신과 자신의 일에 대한 희망이 숨어 있었다.

존은 눈을 뜨고 나를 바라보았다.

"잘 모르겠어요. 제가 샌프란시스코에 있기 때문인가요?"

"그럴지도 모르지만 아닐 수도 있지요. 필경 개인적인 진실이 있을 거예요. 거기에 대해 조금 말해봐요."

우리는 그의 과거를 탐험하는 여행길로 들어섰다. 우리는 함께 성 프란치스코의 발자취를 따라 걸었다. 그는 성 프란치스코에 대한 책을 여러 권 읽었다. 〈브라더 선, 시스터 문〉이라는 비디오테이프도 갖고 있었다. 그는 그 테이프를 여러 번 보았다. 우리는 다른 여러 가지를 알게 되었다. 그는 항상 동물들을 사랑했다. 어렸을 때는 상처 입은 동물들을 집에 데리고 와서 돌봐주곤 했다. 그는 수의사가 되려고 했다. 그의 아버지가 의과 대학에 가도록 권유해 진로가 바뀌었다.

우리는 생각에 잠겨 함께 앉아 있었다. 그가 고개를 숙이고 말했다.

"어려워요."

나는 그에게 진심으로 동의하며 말했다.

"그래요. 나도 알아요. 그러나 조금 쉬워질 수 있을 거예요."

그는 나를 바라보았다.

"어떻게요?"

"글쎄, 당신이 본 이미지는 소아과 의사인 당신에게 진실하고 적합한 이미지라고 생각해요."

우리는 잠시 침묵 속에서 앉아 있었다.

"존, 왜 소아과를 택했지요?"

그는 차분한 목소리로 말했다.

"저는 순수한 어린아이들의 친구가 될 수 있을 거라고 생각했어요."

내 입가에 미소가 번졌다.

"당신은 충분히 그렇게 할 수 있어요."

"그동안 제가 다른 사람들의 잘못에 지나치게 초점을 맞추었지요?"

"그래요. 그들이 잘못하는 것이 사실일지도 몰라요."

"왜 제가 의사가 되었는지를 잠시 잊었어요."

"그래요, 이제 그걸 알았지요?"

우리는 조금 더 함께 앉아 있었다. 나는 다시 그에게 미소를 짓고 말했다.

"존, 성 프란치스코에게 말해봐요. 다른 사람에게 말할 필요는 없지 않겠어요?"

그는 고개를 끄떡이더니 웃기 시작했다.

"아마 그래야 할 것 같아요."

그는 감사의 인사를 하고 떠났다. 그 후 다시는 그를 만나지 못했고 소식을 듣지도 못했다. 2년쯤 지난 후 수련 부장에게서 또 다른 레지던트의 문제를 상담해달라는 전화를 받았다. 나는 존에 대해서 조심스럽게 물어보았다. 그녀가 웃으면서 대답했다.

"존은 아주 달라졌어요. 그래서 다시 문제 레지던트를 보내는 것이지요. 이번에는 여자예요."

존은 아주 헌신적인 특별한 의사가 되었다고 한다. 성 프란치스코가 그에게 무슨 말을 들려주었을까?

36 __ 섬김

근본적으로 섬긴다는 것은 삶을 인간적으로 보고 삶이 당신을 어루만지도록 내어주는 자세다. 요즈음 많은 사람들은 다른 사람들이 어루만져주도록 허락하는 것은 약한 모습이라고 생각한다. 당신이 아직 30세가 되지 않은 젊은이라면 틀림없이 누군가가 어루만져준다는 생각만으로도 두드러기 반응을 보일 것이다.

우리는 삶과 관련을 맺지 않을 뿐만 아니라 다른 사람과도 관련을 맺지 않으려 하는 경향이 있다. 스스로를 의지하고 신뢰하며 스스로 결정을 내리고 스스로를 충족시켜야 인정을 받는다고 생각한다. 자신에게 누군가 다른 사람이 필요하다고 느끼는 것을 인간적인 실패로 간주하기도 한다. 개척자들의 시대가 지난 지 몇백 년이 흘렀음에도 우리에게는 여전히 그들의 문화가 깊숙이 뿌리 박혀 있다. 완전히 홀로 떨어져 산다면 반드시 스스로 충족시켜야 한다. 그러나 현대인들은 도시에서 몇천 명의 이웃과 더불어 살아가면서도 굳이 그렇게 하려고 한다. 우리에게는 다른 사람이 필요하다는 사실을 인정하기까지 대단한 용기가 필요하게 되었다. 그리하여 많은 사람들이 홀로 외롭게 살며 늙어가는 것을 두려워한다.

극단적인 독립과 개인주의를 추구하기 때문에 우리는 고립된 삶을 살아간다. 냉소적으로 변하고 우울증에 빠질 수밖에 없을 것이다. 많은 사람들이 독립적으로 개인주의적인 삶을 사는 것이 더 의미 있다고 생각하지만 나는 동의하지 않는다. 우리가 정말 잘 살기를 원한다면 서로를 잘 알고 신뢰할 필요가 있다. 우리 주변의 사람들을 어루만지고 그들은 우리를 어루만져야 한다. 섬김이야말로 세상을 치유하는 길이다.

진정한 섬김이나 봉사는 전문가와 문제가 있는 사람들 사이에 이루어지는 관계가 아니다. 섬김은 그보다는 훨씬 더 진정한 어떤 것이다. 그것은 인간성을 이루는 풍부한 자원을 테이블에 내어놓고 관대하게 나누는 관계다. 섬김은 전문가가 되는 그 이상이다. 섬김은 또 하나의 삶의 방식이다.

우리가 남을 돕는 데에는 진정한 섬김이 없다. 도움을 주는 사람들은 섬기는 사람들과는 다르게 삶을 바라본다. 도움을 주는 것과 섬기는 것은 삶에 끼치는 영향도 다르다. 당신이 누군가를 도와준다면 그를 당신보다 부족하다고 생각하지 않기란 결코 쉽지 않다. 남을 돕는다면 우리는 자신의 힘이나 능력을 의식하게 된다. 도움을 받는 사람도 우리의 힘이나 능력을 의식하고 주눅이 들게 마련이다. 그러나 섬김이란 다른 것이다. 우리는 우리의 힘이나 능력으로 섬기지는 않는다. 그냥 우리 자신으로 섬긴다. 우리의 체험으로 섬긴다. 지난 몇 년 동안 나는 내 존재 자체로 섬기는 것을 체험했다. 나 자신을 당황하게 하고 부끄러움을 느끼게 하는 나의 한 부분을 통해 부족함 없이 섬길 수 있음을 알게 되었다. 내 안에 있는 통합된 존재로서의 내가 다른 사람을 있는 그대로 받아들이고 섬기는 것이다. 섬김은 동등한 관계다.

섬길 때에야 나의 약함을 의식하고 그것을 받아들일 수 있다. 나의 약함을 섬김을 위해 사용할 때 약함이 지닌 힘을 보고 이해하게 된다. 많은 경우에 나의 약함이나 결점이 다른 사람에게 연민을 느끼게 하는 바탕이 된다. 나의 상처가 다른 사람들의 상처를 어루만져줄 수 있는 샘이 된다. 우리의 상처 때문에 다른 사람의 상처를 어루만져주고 치유할 수 있는 신비로운 과정을 체험할 수 있다. 외로움을 경험했기 때문에 다른 사람 안에 있는 외로움을 볼 수 있다. 내가 가장 잘 섬기고 봉사할 수 있는 것은 어렵게 배운 의학 지식 덕분이 아니었다. 어린 시절 외할아버지에게 배운 삶에 대한 어떤 것이 나를 겸손으로 이끌었다.

도움을 주는 관계란 자칫 상대에게 빚을 진 느낌을 줄 수 있다. 그러나 섬김은 상호적이다. 섬김에는 빚이 없다. 내 안에 있는 약함이 상대 안에 있는 약함과 만날 때 서로를 치유하고 강하게 만든다. 섬기게 되면 함께 나아가게 된다. 남을 도울 때는 만족감을 찾게 되지만 섬김은 오직 감사의 체험만을 공유한다.

섬김이나 봉사는 개선시키거나 고쳐주는 것과도 다르다. '인간 잠재력 운동' 창시자의 한 사람인 아브라함 매슬로우는 "그대가 지닌 것이 망치뿐이라면 그대에게는 모든 것이 못처럼 보일 것이다"라고 했다. 당신을 고쳐주는 사람으로 여긴다면 어디에서나 부서지거나 망가진 것을 보게 될 것이다. 우리가 다른 사람을 고쳐주거나 바로잡아주려고 한다면 그 사람 안에 있는 온전성이나 삶의 진수를 알아볼 수 없다. 고쳐주는 사람은 자기 자신의 전문성에 의지한다. 우리가 섬길 때에만 다른 사람 안에 있는 아직 피어나지 않은 온전성을 본다. 섬길 때 우리는 그것이 꽃피도록 함께해준다. 그때 그 사람은 처음으로 자기 안의 온전성을 보게 될 것이다.

지병을 앓는 47년 동안 나는 많은 도움을 받았고 많은 사람들에 의해 고침받기도 했다. 그들 모두에게 진심으로 감사를 드린다. 그러나 나를 도와주고 고쳐준 모든 것은 어떤 의미에서 내게 상처를 남기기도 했다. 오직 섬김만이 진정한 치유를 가져온다.

섬기는 사람은 모두 근원적으로 삶을 섬긴다. 섬기는 것은 우리의 관심과 시간과 삶을 투신할 가치가 있는 어떤 것이다. 섬김이나 봉사는 삶을 고치거나 속이거나 이용하거나 통제하거나 지배하려고 애쓰지 않는다. 섬길 때에만 우리는 삶이 거룩하다는 사실을 발견한다. 섬김은 의무보다는 관대함에 가깝다. 섬김은 우리를 서로에게, 그리고 삶 자체와 연결시켜준다. 서로 연결되어 있음을 체험할 때 우리는 자연스럽고 기쁜 마음으로 섬기게 된다. 섬길 때에 당신이 하는 일은 그 자체로 당신에게 힘을 주고 새롭게 하고 축복할 것이다.

V
받아들임

37 __ 섬김에 대해 배우기

우리 안의 상처를 느끼는 감수성을 받아들일 때에 우리는 연민을 느끼게 된다. 진정으로 아픔을 느낄 때 우리 안의 감수성과 다른 사람 안의 감수성 사이에 깊은 관련이 있음을 알게 된다. 이때 우리는 진정한 연민의 마음을 가지고 남을 섬길 수 있다.

현대의 문화는 병든 사람들과 노인과 상처받기 쉬운 사람들을 존경하지 않는다. 현대는 독립과 능력을 추구한다. 개척자 정신이 가장 높은 가치로 여겨지기 때문에 인간의 약함과 고통에 대해 관대하기가 어렵다. 인간이 끊임없이 상처받을 수 있다는 감수성을 부인하면 진정한 연민의 마음을 지닐 수가 없다.

의과 대학에서 교육을 받는 동안 나는 진정한 연민을 배울 기회가 거의 없었다. 남에게 봉사를 하기 위해서 강해져야 한다는 교육만을 받았다. 섬세하고 여린 감수성에 대한 부인이 그 교육의 밑바탕에 깔려 있었다. 내가 지니고 있던 크론병은 특별히 이런 생각을 더욱 잊지 못하게 만들었다.

인턴 시절 나는 몇 년 동안 날마다 상당량의 스테로이드제를 복용했다. 크론병의 증세에 따라 복용하는 약의 양은 계속 바뀌었고 그 결과 외모도 급격하게 변했다. 얼굴은 수시로 부어올랐고 심하게 여드름이 돋기도 했다. 몸무게도 들쭉날쭉했기 때문에 사이즈가 8에서 16까지 다양한 옷을 가지고 있어야 했다. 또 자주 심한 통증을 느끼곤 했다. 이 시기 동안 나는 매일 12명의 의사들과 동료 의사로서 함께 일했다. 그 중 누구도 내게 그런 증상들에 대해 언급하지 않았고 나도 그들에게 말하지 않았다.

몇 년 동안 다량의 스테로이드를 복용하면 뼈가 약해질 수밖에 없다. 레지던트 상급반이었을 때였다. 다섯 명의 레지던트들과 인턴들이 아침 회진을 했다. 우리는 환자들의 차트를 가지고 병실에서 병실로 바쁘게 옮겨갔다. 환자들에게 필요한 것이 무엇인지 그날 해야 할 치료가 무엇인지 토론하면서 다니는 중이었다. 회진이 끝나려면 한 시간 가량 더 남아 있었다. 어느 순간 내 몸 안에서 날카로운 소리가 나는 것을 들었다. 오른쪽 다리가 주저앉는 것 같은 엄청난 고통을 느꼈지만 아무도 그것을 눈치채지 못했다. 한 병실의 회진을 끝내고 복도에서 치료 계획에 대해 의논을 할 때였다. 나는 간신히 왼쪽 다리에 몸을 의지하고 서류 선반에 기대어 이를 악물고 고통을 참았다. 회진이 끝났을 때는 땀으로 뒤범벅이 되어 있었다. 그들이 떠난 후에야 나는 병동의 간호사에게 도움을 요청했다. 곧 응급실로 실려 갔고 오른쪽 다리가 골절이 되었음을 알았다.

다음날 깁스를 하고 목발을 짚은 채 병동을 돌아다녔지만 한마디라도 이 일에 대해 언급한 사람은 단 한 사람뿐이었다. 전날 나 대신 야근을 한 레지던트였다. 그도 내 상태가 어떤지 물은 것은 아니었다. 내가 언제 자기 대신 야근을 할지 물었을 뿐이었다. 이 모든 일이 전문직이 갖는 긍지의 작용 때문임을 안다. 당시 의사 중에서 몇 명 되지 않는 여성들은 남성의 영역에서 버티기 위해 그들과 동등해지려고 안간힘을 써야 했다. 의사로서 우리는 개인적인 필요를 능가하는 역할을 담당하도록 훈련을 받았고 그런 식으로 행동할 때 서로를 존중해주었다.

그러나 지혜는 상당히 다른 어떤 것이다. 그 후 얼마 지나지 않아 한 계기를 통해 그것을 어렴풋이 깨달았다. 당시로는 아주 드물게 의과 대학의 정교수 중에 여자 의사가 한 분 계셨다. 중년의 내과 의사였다. 그분과 이야기를 제대로 나눈 적은 없었지만 그분을 존경했고 내가 따라가야 할 모델이라고 생각했다. 그분은 미혼이었고, 일에 대한 그분의 열정과 공헌도는 하나의 전설이었다. 연구 업적이 탁월할 뿐만 아니라 환자도 잘 보고 가르치는 데에도 특별한 자질을 유감없이 발휘했다. 젊은 의사들과 동료들의 존경을 한 몸에 받았다. 매우 강인하고 열정적인 분이었다. 그런데 그녀의 가슴에서 혹이 발견되었다는 말을 듣고 우리는 모두 깜짝 놀랐다.

외과 과장이 수술을 담당했다. 혹은 악성 종양으로 판명되었다. 그녀는 마취에서 깨어나자마자 수술을 집도한 의사를 찾았다. 수술 결과와 혹에 대해 말해달라고 했다. 그는 혹이 악성이라고 사실대로 말해주었다. 그녀가 아직 마취에서 덜 깬 상태였기 때문에 의사는 암이라는 말을 제대로 알아들었는지 확신할 수 없었다. 그래서 한 번 더 이야기를 해주었다. 잠시 동안 그녀는 눈을 감고 있었다. 그녀가 잠에 빠져들었다고 생각하고 나가려고 할 때 그녀의 부드러운 음성이 들려왔다.

"이제 다른 사람이 나를 돌보도록 맡겨야 할 차례군요."

그녀의 말이 내게 아주 큰 영향을 끼쳤다. 그 말은 내 심장을 관통했다. 가슴이 벅차오르는 느낌을 주체할 수 없어 아무도 없는 당직실로 갔다. 며칠 전 나는 깁스를 푼 상태였다. 깁스를 하고 있는 6주 동안 나는 단 한 번도 다른 사람들에게 도움을 요청하지 않았다. 또한 다른 사람들에게 도와주겠다는 말도 듣지 못했다. 그것이 전문직을 수행하는 사람으로서의 긍지였다. 그런데 처음으로 나는 이런 삶의 방식에 대해 의문을 갖게 되었다.

그녀는 도움이 필요한 상황에서 기꺼이 자신을 내어 맡겼다. 평소엔 늘 강인하기만 해서 다른 사람의 도움이 전혀 필요 없을 것 같았다. 하지만 암에 걸린 것을 알자 다른 사람의 보살핌이 필요하다는 것을 인정하고 기꺼이 자신을 내어맡겼다. 사실 다른 사람의 보살핌이 필요 없는 사람은 아무도 없다. 비록 그녀는 강한 사람이었지만 다른 사람들의 깊은 연민을 받을 만큼 열려 있었다.

나는 진정으로 강하다는 것의 의미를 다시 생각하게 되었다. 무어라 표현하기 힘든 감정이 솟아올랐다. 그녀에게 일어났던 일은 내게 매우 중요한 의미를 가지고 있었다. 나는 그녀를 위해 울기 시작했다. 그녀와, 또 보이지 않는 곳에서 홀로 고통을 받고 있는 모든 사람들을 위해 눈물을 흘렸다.

38__ 받아들임

커밍웰에 있는 피정 집에는 암 환자들을 위한 특별한 피정이 있다. 거기서 많은 환자들이 치유를 체험한다. 그곳에서 특별한 일을 경험하는 것은 아니다. 우리는 그저 함께 상실의 고통을 슬퍼하고 나눈다. 이것은 내가 의사로서 훈련을 받는 과정에서 배운 것과는 아주 다르다. 의과 대학은 내게 고통을 고치라고 가르쳤을 뿐 고통을 나누라고 하지는 않았다. 그러나 그것은 단지 교육의 기초 단계였다. 시간이 지나면서 사람들이 고통이나 아픔을 진심으로 이해해주는 다른 사람에게 그 고통을 보여주고 나눌 수 있을 때 치유가 일어난다는 사실을 배우게 되었다.

피정 첫날 저녁 우리는 서로를 소개하고 나눔으로써 시작한다. 피정자는 대개 암 환자였다. 서로 모르는 사이임에도 그들은 고통에 대해 금방 친숙하게 이야기를 나누고 누구에게도 말할 수 없었던 것에 대해서 털어놓는다. 한 사람이 이야기할 때 함께 있는 사람들은 다만 귀를 기울여 듣고 다른 설명을 요구하지 않는다. 아무도 그럴 필요가 없다. 결국 그들은 자신들이 있는 그대로 서로에게 속한다는 것을 알게 된다. 당신의 고통을 있는 그대로 받아들여주는 곳은 안전한 곳이다. 다시 한번 온전한 인간으로 느낄 수 있는 곳이다.

한 사람이 이 프로그램은 마치 자신을 서로에게 연민을 지니도록 부추기는 듯하다고 말했다. 나는 절대 그렇지 않다고 대답해주었다. 사람들은 피정 속에서 처음으로 고통을 나누고, 그럼으로써 고통이 경감된다. 용기와 힘과 믿음을 얻는다. 피정 첫날 저녁에 나는 서로의 상처를 통해 격려를 받고 용기를 가지는 모습을 보았다. 처음에 그들은 분명히 희생자들의 모임처럼 보였다. 그러나 점차적으로 전사(戰士)들이 모여 있음을 알게 된다.

그런 상황에서 치유를 체험하는 것은 자연스러운 일이다. 그것은 전문가들의 일이 아니다. 우리가 의도한다고 해서 치유되는 것이 아니다. 우리가 있는 그대로의 우리이기 때문에 다른 사람들을 치유할 수 있다. 은총에 의해서 우리가 받은 상처가 다른 사람 안에 있는 삶의 에너지를 강하게 만들어준다. 나는 여러 번 이것을 경험했지만 전 과정은 여전히 신비스럽다. 신비로운 어떤 것이 우리를 치유의 도구가 되도록 하면서 있는 그대로의 우리를 도구로 사용하는 것이다.

몇 년 전 한 환자가 내게 성 프란치스코가 했던 유명한 기도

문이 씌어 있는 액자를 주었다. 나는 그것을 몇 년 동안 내 사무실에 걸어놓았다. 거기에는 이렇게 씌어 있었다.

"주여, 나를 평화의 도구로 써주소서."

우리가 어떤 일을 하지 않아도 그런 일이 일어난다. 나는 피정에서 일어나는 치유가 항상 유쾌하거나 수월한 것만은 아니라고 생각한다. 때로 피정에 온 암 환자들이 유별나게 보일 때도 있다. 한번은 피정 첫날 저녁 의자에 앉는 첫 순간부터 그것을 느낄 수 있었다. 여덟 명의 여성 암 환자들 그룹에 참여한 지 불과 몇 분 만에 나는 불안을 느끼기 시작했다. 그렇지만 결국 우리들 사이에 많은 치유가 일어났다.

그들은 대화가 잘될 수 있는 그룹이 아니었다. 참석자 중 한 사람은 뇌종양에 걸렸기 때문에 대화를 따라갈 수가 없어 엉뚱한 대답만 했다. 나이 많은 한 환자는 귀가 잘 들리지 않는 상태여서 계속 크게 말해달라고 소리를 질렀다. 또 다른 환자는 하버드대학에서 가르치던 정신분석 학자였는데 다른 사람의 이야기를 프로이트의 이론으로 분석했다. 다른 환자는 공격적이고 논쟁을 좋아하는 변호사로, 모든 사람들의 의견을 반박하고 결론을 내렸다.

그 중 재능이 뛰어난 젊은 예술가 페이스가 있었는데 그녀는 겨우 네 살 때 엄마를 암으로 잃었다. 큰 충격 때문에 그 후 정서

적으로는 성장을 멈춘 것처럼 보였다. 무슨 말을 듣건 그녀는 그것을 자기 문제와 연관지어서 모든 사람들이 자기에게 집중하도록 애썼다. 마지막으로 젊은 여자가 한 구석에 앉아 있었는데 두 팔로 무릎을 감싸 안고 아무에게도 시선을 두지 않았고 한마디도 하지 않았다. 그녀의 이름은 베스였다.

다음날 아침 모임에서도 불안한 상태가 지속되었다. 그 때문에 베스가 점심 후에 집에 가겠다고 하더라는 말을 나와 함께하는 다른 피정 지도자에게 들어도 전혀 놀랍지 않았다. 사실 그녀가 피정 집에 도착하기 전부터 염려가 되었다. 신청서를 보니까 항암 치료를 반만 하고 중단한 상태였다. 항암 치료만 받으면 95%는 완치될 수 있는 병이었다. 그녀가 어째서 치료를 중단했는지는 알 수 없었다.

다른 피정 지도자가 베스를 따로 만나 그녀의 이야기를 들었다. 그녀는 우리가 다른 여자들의 공격에서 자기를 보호해줄 수 있는지 확신할 수 없다고 했다. 어린 시절 신체적인 학대를 받으면서 자랐다고 말하며 눈물을 떨어뜨렸다. 그녀의 어머니는 어린 그녀를 벨트나 승마용 채찍으로 무자비하게 때렸다. 항암 치료의 고통이 어린 시절의 비참함을 떠오르게 하기 때문에 항암 치료를 중단했다는 것이다. 피정 지도자는 그녀를 설득했다. 얼마나 힘든 과정을 거쳐 여기까지 오게 되었는지 상기시켜주고 고통을 나눌 수 있는 기회로 삼아보라고 했다. 그녀가 지닌 두려움을 레이첼 선생과 나누어보라고 제의했다. 그녀는 자기 엄마와 비슷한 연배의 여성을 신뢰하기 어렵다고 말했다. 그러나 결국 그녀는 나를 만나기로 했다.

두 번째 날 아침 모임에서는 상황이나 분위기가 조금 나아졌다. 페이스가 베스에게 도전장을 던짐으로써 모임의 나눔이 시작되었다.

"당신은 오늘도 한마디도 하지 않을 건가요?"

베스는 겁에 질린 듯 움츠러들었다. 나는 이 모임에서 누구도 억지로 이야기할 필요는 없다고 분명히 말해주었다. 우리 모두가 한마디도 하지 않고 침묵 속에서 앉아 있더라도 마음을 나눈다면 그것으로 충분하다고 했다. 나는 걱정스런 눈빛으로 계속 베스를 쳐다보았다. 베스는 아침 모임이 거의 끝날 때쯤에야 조금 편안해 보였다.

날이 지나면서 이 그룹은 아주 흥미로운 방법으로 서로를 깊이 나누게 되었다. 각 그룹마다 그 안에서 유지되는 서로의 관계를 요약해서 특징지을 수 있는 낱말이 있다. 이 그룹의 경우에는 한마디로 '받아들임'이었다. 여성은 본능적으로 서로에게 관심과 지지를 보낼 줄 아는 감각이 있다. 아이들에게 주는 사랑을 다른 사람들에게도 베풀 수 있다. 베스는 아직 아무 말도 하지 않았지만 다른 사람들의 말을 열심히 들었다. 그녀는 사람들이 서로 나눔을 하고 관심을 기울이는 데에 조금씩 영향을 받고 있었다. 하여튼 그녀는 그곳을 떠나지 않았다.

마지막 날 아침에는 몸에 대한 허심탄회한 나눔이 있었다. 남편이나 애인에게도 보여주지 않는 흉터들을 서로에게 보여주었다. 나를 포함해 그곳에 온 여자들은 모두 수술에 의해 흉터가 생겼고 육체적 변화를 얻은 사람들이었다. 우리는 다른 사람들이 몸에 대해 어떤 반응을 하는지 거리낌 없이 이야기를 나누었다. 페이스는 자기 애인이 유방이 하나 없어진 몸을 보고 어떤 반응을 보였는지 아주 재미있게 이야기했다. 그녀가 갑자기 베스에게 몸을 돌리더니 어린아이처럼 불쑥 물었다.

"당신은 할 이야기가 없지요? 당신의 암 정도는 겉으로 나타나지도 않잖아요."

베스에게 다시 도전장이 날아들었다. 나는 베스가 제발 그 도전장을 받아들이기를 기다렸다. 베스는 얼굴이 창백해졌다. 하지만 그녀는 이미 준비가 되어 있었다. 착 가라앉은 목소리로 대답했다.

"그렇지 않아요. 저는 한 번도 다른 사람이 제 등을 보는 것을 허락한 적이 없어요."

그녀의 목소리에 묻어나는 슬픔 때문에 보통 사람들이라면 입을 다물게 마련이다. 그러나 페이스만은 달랐다. 그녀는 집요했다.

"왜 그랬는데요?"

등에 보기 흉한 흉터가 있기 때문이라고 베스는 말했다.

"어렸을 때 저는 수없이 채찍에 맞았어요."

그곳의 사람들은 모두 놀라서 숨을 죽였다. 잠시 무거운 침묵이 흘렀다. 그러나 페이스는 이번에도 어린아이 같은 호기심으로 물었다.

"누가 그렇게 당신을 때렸는데요?"

베스는 몸을 돌려 그녀의 눈을 보며 말했다.

"우리 어머니지요."

그런 순간 우리 대부분은 몇 가지 반응을 보이게 된다. 어떤 사람은 연민을 나타내고 어떤 사람은 위로를 하려고 애쓰고 어떤 사람은 대신 사과의 말을 하려고 할 것이다. 페이스는 어떤 말도 하지 않았다. 대신 어린아이 같은 반응을 보였다. 페이스의 커다란 눈에서 눈물이 흘러내렸다. 베스는 자신의 고통에 진심으로 반응하는 것을 보자 손을 내밀어 페이스의 손을 잡았다.

"고마워요. 아, 페이스, 정말 고마워요."

얼마 후 우리는 베스가 다시 항암 치료를 받기 시작했다는 소식을 들었다. 그 후, 6년이 지났지만 베스의 암은 재발하지 않았다.

치료는 전문가의 일이다. 그러나 상대의 삶을 강하게 하는 것은 인간의 일이다. 경험이 많은 상담 치료사라면 아무도 페이스가 했던 방법으로 베스에게 접근하지 못했을 것이다. 그러나 그 어느 전문적인 방법도 페이스의 방법보다 효과적이지 못했다. 상처받은 두 사람의 삶 사이에 알 수 없는 어떤 주파수가 맞을 때 깊은 치유가 일어난다. 나는 진정한 치유의 힘이 어디에서 오는가를 생각할 때 놀라울 뿐이다.

39 __ 기쁨을 나눌 때

누군가의 말을 잘 들어주는 것, 그가 의미를 찾도록 격려해주는 것, 새로운 가능성에 대해 긍정해주는 것, 그가 중요한 사람임을 알게 해주는 것, 자기 판단이나 자학을 하지 않도록 이끌어주는 것 등이 삶에 용기를 북돋워주고 새로운 삶을 살게 하는 일이다. 누군가의 기쁨을 함께 나눌 때 우리는 그의 삶을 축복해주는 것이다.

제시는 마치 숨을 쉬듯 그런 일을 자연스럽게 해내는 사람이다. 그녀의 삶은 결코 순탄하지 않았다. 그럼에도 불구하고 그녀는 축복이 넘쳐흐르는 아주 행복한 사람이다. 그녀는 결장암을 두 번이나 앓았고 인생에서 여러 번 좌절을 체험했다. 하지만 그녀가 지닌 기쁨은 그녀를 만나는 사람이면 누구나 느낄 수 있다. 그녀와 함께 앉아 있는 것만으로도 나는 미소를 짓게 된다. 다른 사람들도 그렇다고 한다. 그녀는 다른 사람의 생일을 가장 먼저 축하해주고 결혼 기념일을 기억해주며 가장 먼저 축하의 인사를 전한다. 그녀가 잘 아는 사람이거나 잘 알지 못하는 사람이거나 상관이 없다. 사람들은 어떤 좋은 일이 생기거나 사랑하는 사람이 생기면 가장 먼저 제시에게 전화를 걸어 이야기를 하곤 했다. 그녀는 항상 누군가의 이야기를 눈을 반짝이며 들어준다. 그녀에게 이야기를 하면 기분이 좋아지고 행복해진다.

오래전 우리는 함께 진료실에서 지난 6개월의 항암 치료 결과를 기다리고 있었다. 나는 그녀가 지닌 기쁨에 대해서 물었다. 그녀의 삶은 참으로 힘들고 어려웠다. 나는 다른 사람들이 그녀보다 앞서 나갔을 때 질투를 느낀 적은 없는지 물어보았다. 그녀는 웃음을 지으며 고개를 가로저었다.

"제시, 그 비결이 뭐지요?"

그녀는 조금 심각한 표정으로 기쁨은 어떤 개인적인 것은 아닌 듯하다고 대답했다. 내가 무슨 말을 하는지 모르겠다는 표정으로 바라보자 그녀는 삶의 경험을 통해 그것을 알게 되었고 설명했다. 다른 사람들을 위해 진정으로 함께 기뻐해줄 때 사람들은 마음을 열고 기쁨을 나눈다는 것을 알게 되었다고 했다.

"제 옆에 있는 사람들에게 뭔가 좋은 일이 일어날 때 저는 늘 축하해주기 위해 그들과 함께 거기 있었어요. 그들의 행운이 저에게도 행운을 가져올 것처럼 느껴지거든요. 저는 마치 저에게 그런 일이 일어난 것처럼 온전하게 그들과 기쁨을 나누지요. 그렇게 하면 정말 저도 행복해져요."

그녀는 잠시 생각에 잠기는 듯하더니 싱긋 웃으면서 말했다.

"물론 바로 그때 그 일이 저에게도 일어나는 것이지요."

제시가 처음 결장암이라는 진단을 받았을 때 복부 전반에 암이 퍼져 있었다. 담당 의사는 할 수 있는 만큼의 암 세포를 제거했다. 물론 한 번의 수술로 암 세포를 다 제거할 수는 없었다.

"그 선생님은 할 수 있는 만큼 저를 편안하게 해주었어요."

놀랍게도 그녀가 암 수술을 받은 지 벌써 15년이 흘렀다. 그녀는 아주 건강하게 잘 살고 있다. 참으로 놀라운 일이다. 다른 사람에게 기쁨을 주고 행복하게 해주면 자기 자신의 생명력까지도 강하게 되는 것일까?

40 ___ 손을 올려놓을 때

우리가 알지 못하는 사이에 멀리 떨어져 있는 다른 사람의 삶에 기여할 수도 있다. 하지만 진정한 섬김은 상호적이고, 두 사람 사이의 깊은 만남을 통해 이루어진다. 그럴 때 우리는 우리 삶의 진정한 가치와 의미를 깨닫게 된다. 우리를 변화시키는 이런 섬김은 손가락으로 지문을 찍어 남겨야 할 것이다. 수표에 사인을 하듯 그것을 완성시킬 수는 없다.

조지는 45세가 되던 해에 의학 장치를 발명하고 특허를 냈다. 그 후 20년 동안 그 의학 장치를 만들어 전 세계에 공급하는 회사의 사장으로 일했다. 조지는 유능한 사업가이자 탁월한 발명가였다. 또한 그는 전 세계를 여행하며 진기한 물건을 수집하는 수집광이기도 했다. 그는 여러 가지 면에서 모든 사람이 부러워할 만한 삶을 살았다.

그런 그가 어느 날 갑자기 폐암 선고를 받았다. 내게 상담을 받으러 오기 6개월 전이었다. 암이 발견되었을 때는 이미 몸의 여러 기관에 전이된 상태였다. 의사는 그에게 오래 살지 못할 것이라고 했다.

내 사무실은 별 장식이 없는 초라하고 볼품 없는 방이었다. 고양이가 함부로 돌아다니는, 일반 의사들의 사무실과는 전혀 다른 분위기로 가정집 같은 편안함을 주었다. 명품 신사복을 입은 그는 초라한 나의 사무실을 편안한 눈으로 바라보았다. 고양이가 어느새 그의 무릎에 올라앉았다. 하지만 그는 자기의 말쑥한 신사복이 더러워지는 것을 개의치 않았다. 그런 태도가 내 마음에 다가왔다.

그는 처음에 폐암 진단을 받고 충격에 휩싸였다고 했다. 나는 그가 회복될 가망이 없기 때문에 절망했다고 생각했지만 그게 아니었다. 그는 풀 죽은 목소리로 말했다.

"레이첼 선생님, 저는 삶을 헛살았어요. 저는 두 번 결혼했지만 두 번 다 이혼했습니다. 아이들은 다섯입니다. 경제적으로는 그들을 뒷받침해주고 있지만 그들에 대해 전혀 몰라요. 저는 전처들의 삶이나 아이들에게 관심을 두지 않았어요. 그들과 함께 시간을 보내지도 않았어요. 저는 그저 사업에만 몰두했지요. 회사를 세우고 운영하다 보니 그렇게 된 것이죠. 그들은 저를 보고 싶어하지도 않아요. 이제 저는 돈 이외는 아무것도 가진 것이 없습니다."

그는 머리를 흔들었다.

"얼마나 바보 같은 늙은이입니까? 정말 어리석은 바보였어요."

조지가 발명하고 그의 회사가 만들어내는 의학 기계 장치는 만성병을 앓는 어떤 환자들에게 거의 정상적인 삶을 되찾아준 획기적인 의학 발명품이었다. 당시 내 환자 중 한 사람이 그 기계 장치를 사용했다. 그것 때문에 그녀의 삶은 완전히 바뀌었다. 기계 장치를 사용하기 전에는 그녀는 거의 거동하기도 힘들었다. 그녀는 자기의 신체적인 증세를 조절하는 데 시간을 다 소비해야 했다. 일도 할 수 없었고 다른 행동도 극히 제한을 받았다.

그 기계 장치를 사용한 이래 그녀는 처음으로 직장을 갖게 되었다. 거기서 사람들을 만나고 친구들을 사귀었다. 좋은 사람을 만나 결혼도 하고 자식도 갖게 되었다. 그녀는 내게 말했다.

"이 기계 장치를 얻은 날 저는 다시 태어난 거예요."

그녀에게는 정말 그랬다. 내게 상담하러 오는 환자의 이름을 다른 사람에게 알려주는 것은 프라이버시 침해였다. 그러나 스테파니라면 기꺼이 자기의 체험이 담긴 익명의 편지를 조지에게 보낼 거라고 생각했다. 나는 스테파니에게 조지에 대해 이야기를 하고 그렇게 해줄 수 있는지 물어보았다.

그녀는 그 기계 장치를 발명한 사람을 안다고 하니까 놀라움을 금치 못했다. 나의 제안에 그녀는 잠시 생각에 잠겼다. 그러더니 기꺼이 그 기계가 어떻게 자기 삶을 바꾸어놓았는지 편지를 쓰겠다고 했다. 그녀는 다소 머뭇거리더니 그가 자기 삶을 어떻게 바꾸었는지를 보여주기 위해 저녁 식사에 초대하고 싶다고 했다. 내게 그가 올 수 있겠는지를 물어달라고 했다.

조지도 내가 그 기계 장치를 사용하는 환자를 알고 있다고 하자 무척 놀랐다. 그는 그녀가 자기를 만나고 싶어한다는 말을 듣고 감동을 받은 듯했다. 기꺼이 그렇게 하겠노라고 대답했다. 하지만 잠시 후 그녀와 그녀의 남편에게 근사한 레스토랑에서 저녁을 대접하고 싶다고 제안했다.

"아니에요. 스테파니네 집에 가시는 것이 더 좋을 거예요."

조지는 약속한 날에 스테파니네 집으로 저녁 식사를 하러 갔다. 조지는 그 다음의 상담에서 상기된 표정으로 스테파니네 집의 저녁 식사에 대해 이야기를 들려주었다. 그는 젊은 부부와 저녁 식사를 하는 것으로만 알고 있었다. 그런데 집에 도착해보니 스테파니의 온 가족이 그를 환영해주었다. 그녀의 어머니와 형제자매 그리고 삼촌과 아주머니와 조카들과 사촌들이 그를 맞아주었다. 남편의 부모님들도 있었고 친구들과 이웃 사람들까지 많은 사람들로 이루어진 대부대가 와 있었다. 그들은 마치 축제를 연 것처럼 주름종이와 은박지로 집을 장식하고 화환을 걸어놓았다. 그리고 모두가 음식을 준비해 왔다. 특별한 식사였고 놀랄 만한 축하연이었다.

조지가 말했다.

"레이첼 선생님, 그것이 중요한 게 아니에요. 그들은 모두 정말 저에게 이야기를 들려주러 왔어요. 그들이 이야기를 하는 데 3시간이나 걸렸어요. 스테파니의 삶에 대한 이야기였어요. 저는 내내 울었지요. 마지막으로 스테파니가 저에게 다가와서 말했어요. 이것이 전부 당신에 관한 이야기예요. 우리는 당신이 이것을 꼭 알아야 한다고 생각했어요라고. 그래서 정말 저는 알게 되었지요."

내 눈에 눈물이 고였다.

"1년에 그 기계 장치를 몇 개나 만들지요?"

"거의 만 개 정도 만들어요. 저는 몇 개를 만드는지 숫자만 알았지 그것이 무슨 의미를 지니고 있는지는 정말 몰랐어요."

41__천당과 지옥

　남을 섬기거나 봉사를 하는 방법과 수단은 시대나 문화에 따라 다양하다. 그러나 봉사의 본질적인 성격은 처음부터 한결같았다. 어떤 방법을 쓰든 섬김이나 봉사는 마음의 일이다. 과학의 힘은 분명 대단한 위력을 지닌다. 남에게 봉사하기 위해서는 과학적인 지식을 제대로 아는 것, 예컨대 정확한 진단을 내리고 바르게 치료하는 일 등이 가장 중요하다고 여긴 시대가 있었다. 그러나 어떤 일이든 마음의 일로 바뀌지 않으면 과학 그 자체만으로는 결코 남을 섬기거나 봉사할 수가 없다.

　나의 환자였던 몰리는 지금도 양쪽 팔이 골절이 되어 입원했을 때 일어난 일을 생각하면 웃음이 나온다고 한다. 그녀는 2천 마일이나 되는 먼 곳으로 출장을 갔다. 집으로 돌아오기 위해 렌트카를 타고 공항으로 이동하던 중 교통 사고를 당했다. 의식을 잃었다가 깨어나 보니 그녀는 병원에 누워 있었고 어깨에서 팔목까지 양쪽 모두 깁스를 한 상태였다. 그녀를 돌봐줄 사람이라고는 아무도 없었다.

몰리는 여러 가지 음식에 대한 심한 알레르기가 있어 아무거나 먹으면 안 되는 특이 체질이었다. 지난 몇 년 동안의 경험을 통해 어떤 것은 먹을 수 있고 어떤 것은 먹어서는 안 되는지 그녀는 스스로 알았다. 병원의 영양사가 그녀에게 음식 준비를 위한 여러 가지 질문들을 했다.

"그 영양사는 정말 사려가 깊은 사람이었어요. 자기의 일을 아주 잘 아는 사람이었지요. 아무도 제게 그런 질문을 한 적이 없었거든요. 그녀는 금방 제게 맞는 음식이 무엇인지를 알아냈어요. 당연히 저는 깊은 인상을 받았지요."

몰리에게 꼭 맞는 음식으로 이루어진 최상의 식사가 제공되었다. 하루 세 번 식사 시간이 되면 정확하게 침대 옆 테이블에 음식이 놓여 있었다. 전문적인 영양사에 의해 몰리에게 특별히 제공된 식사였다. 그러나 식사를 갖다 주는 사람은 음식이 담긴 쟁반을 놓고는 그냥 가버렸다.

"처음에 식사를 가져왔을 때 저는 혼자 먹을 수 없으니까 그냥 음식을 바라보면서 앉아 있었어요. 당연히 누가 와서 음식을 먹여주겠거니 했지요. 그런데 아무도 오지 않았어요. 잠시 후 제 옆 침대에 있는 여자가 제가 혼자 먹을 수 없다는 것을 알아챘지요. 그녀는 자기의 수액 폴대를 질질 끌고 제게로 와서 저를 먹여주었어요."

식사 때마다 같은 일이 반복되었다. 그녀가 전혀 팔을 쓸 수 없이 4일이나 입원해 있는 동안 병원 측에서는 아무도 식사하는 것을 도와주지 않았다. 전문가에 의해 특별히 만들어진 적절한 식사가 제공되었지만 옆 침대의 환자가 도와주지 않았다면 굶어야 할 판이었다.

천당과 지옥의 차이를 들려주는 우화가 있다. 지옥에서도 사람들은 식당에서 풍성하게 차려진 음식 앞에 앉아 있다. 팔꿈치에 부목을 대어 마음대로 팔목을 쓰지 못해 그들은 음식을 자기의 입까지 가져갈 수 없다. 그래서 그 많은 음식을 눈앞에 두고도 허기진 배를 움켜쥐고 바라볼 수밖에 없었다.

천당에서도 상황은 똑같았다. 그들도 음식을 자기 입으로 가져갈 수는 없었다. 그러나 서로 다른 사람들을 먹여주기 때문에 늘 배부르고 행복했다. 어쩌면 지옥은 우리가 만드는 장소일지도 모른다. 궁극적으로 천당과 지옥의 차이는 천당에는 서로를 축복할 줄 아는 사람들이, 지옥에는 서로를 축복하는 법을 잊은 사람들이 있을 것이다.

42__작은 촛불

보건에 관계되는 일을 하는 전문가들은 다른 사람들을 위한 봉사에 자신의 삶을 투신하고자 하는 깊은 열망을 지니고 있다. 많은 어려움과 좌절을 겪으면서도 그들의 열망과 헌신은 더욱 깊어지고 계속 그 일을 해나가게 된다. 그러나 의사들의 식탁이나 모임에서는 그런 일에 대한 이야기는 거의 하지 않는다.

커밍웰 피정 집에서는 암 환자들을 위한 피정 프로그램뿐만 아니라 의료계 전문직에 종사하는 사람들을 위한 피정도 있다. 그 피정에 참여한 사람들은 전에는 서로 그런 이야기를 나눈 적이 없다고 말한다. 피정 속에서 그들은 많은 어려움과 상황들에 대해 나누면서 서로를 신뢰하게 된다. 자기들이 하는 일의 의미를 되새기게 되고 봉사하고자 하는 열망과 투신을 더 깊이 다지는 계기를 만든다. 전문직에 종사하는 사람들에게 봉사의 의미는 자신들의 삶의 비밀을 푸는 열쇠나 마찬가지다.

처음에는 서로 그런 이야기를 나누는 일이 결코 쉽지 않았다.

그래서 피정 동안 우리는 대화를 시작하기 위한 방법으로 상징물을 이용한다. 피정 참가자들은 모래를 가득 담은 커다란 원형 테이블이 있는 방에 모인다. 방에는 여러 가지 상징물들이 많이 있다. 이 프로그램은 대략 2시간 동안 진행된다. 8명의 전문직에 종사하는 피정자들이 그 방에서 각자 자기가 하는 일의 의미를 드러낼 수 있는 상징적인 물건을 택해 그것을 테이블 위에 놓고 자기의 일과 관련지어 그 상징물의 의미에 대해 이야기를 나눈다.

메리는 동부의 한 종합 병원에서 간호 행정부의 일을 하는 젊은 간호사다. 나는 그녀가 어떤 물건을 테이블 위에 올려놓지 않고 의자 밑에 감추는 것을 알아챘다. 분명 테이블 위에 올려놓은 상징물을 이용하여 의미를 나누라고 했는데 왜 의자 밑에 숨겨 두었는지 궁금하기 짝이 없었다. 한 사람씩 자기가 택한 상징물에 대해 이야기하고 그것이 어떻게 자기 일의 의미를 나타내는지에 대해 나누었다. 메리는 다른 사람들의 이야기를 열심히 듣고 상당히 감동을 받은 듯 보였다. 절반 정도의 사람들이 이야기를 한 후 메리의 차례가 돌아왔다. 그녀는 자기가 테이블 위에 놓았던 상징물에 대해 아주 간단히 이야기했다. 그녀는 이야기를 마치더니 머뭇거리면서 다른 사람들이 보지 않았으면 하는 어떤 것이 있다고 말했다. 그러고는 잠시 눈을 감아달라고 부탁했다.

그 그룹에는 간호사, 의사, 심리학자, 사회 사업가 등이 속해 있었다. 그들 모두가 테이블을 놓고 둘러앉아 눈을 감았다. 고요함 속에서 메리는 자기 의자 밑에 숨겨두었던 물건을 꺼냈다. 몇 분 후에 그녀는 모두에게 눈을 뜨라고 했다. 우리는 눈을 뜨고 그녀가 모래 테이블 가운데 올려놓은 물건을 보았다. 긴 촛대 위에 꽂힌 가느다란 하얀 초였다. 불이 켜지지 않은 초였다. 우리에게 그것을 보여주는 것만으로도 중요한 의미를 담고 있는 것처럼 느껴졌다. 내가 성냥을 건네주었지만 그녀는 불을 붙이지 않은 채 말없이 앉아 있었다. 드디어 그녀는 성냥을 켜서 불을 붙이더니 작은 목소리로 그것이 자기를 나타내는 상징이라고 말했다. 마음을 움직이는 내밀한 순간이었다. 가늘고 흰 초에 붙은 촛불은 그녀의 아름답고 단순하고 순수한 이미지를 잘 드러내주었다.

다음 차례로 메리 바로 옆에 앉아 있던 여자가 말하기 시작했다. 그녀도 모래 테이블에 켜지 않은 초를 올려놓았다. 짧고 굵은 초였다. 그녀는 우리에게 이 초는 자기가 하는 전문직의 일을 열린 마음으로 하기 바라는 꿈을 상징적으로 나타내고 있다고 말했다. 그녀는 성냥으로 초에 불을 붙이는 대신 메리의 초에서 불을 댕겨 붙였다. 메리는 조용히 눈물을 흘렸다.

심리학자인 그녀는 자기가 왜 성냥을 사용하지 않고 메리의 초에서 불을 붙였는지 모르겠다며 사과를 했다. 메리가 말했다.

"아니에요, 고마워요. 저는 함께 일하는 우리 동료들 안에서 너무나도 냉소적이고 비판적인 말들이 많기 때문에 제가 하는 일을 아무에게도 보여주지 않으려고 했어요. 환자들만이 알지요. 저는 사람들이 비웃고 우습게 생각할까 봐 늘 저를 감추려고 했어요. 그런데 오늘 한 이 일은 저에게 거룩하게 느껴져요. 선생님이 제 초에서 불을 붙이실 때 저는 더 이상 자신을 감추지 않아야 한다는 사실을 알았어요. 이제 제가 누구인지 있는 그대로를 보여줄 용기를 가질 수 있을 것 같아요. 저처럼 숨기려고 하는 다른 사람들도 있겠지요. 아마 선생님도……."

잠시 침묵이 흘렀다. 두 사람은 서로 손을 내밀어 마주 잡았다.

43 __ 삶과 어깨동무하기

나는 인생을 고치는 법을 배우려고 몇십 년의 세월을 애쓴 후에야 문득 인생이 고장이 난 것이 아님을 깨달았다. 모든 사람, 모든 존재 안에는 더 큰 온전함으로 나아갈 수 있는 씨앗이 숨겨져 있다. 우리가 그 씨앗에 물을 주고 가꾸어 나갈 때 삶을 잘 섬길 수 있다. 그러려면 우리는 행동하기 전에 먼저 귀를 기울여야 한다.

모든 삶 안에는 고유한 지혜가 담겨 있다. 의사가 많은 우리 집안에서는 지닐 만한 가치가 있는 것 중 가장 필요한 것은 지식이라고 여겼다. 더 많은 지식과 정보를 얻으면 얻을수록 삶을 원하는 방향으로 이끌어 나갈 수 있고 행복을 얻을 수 있다고 보았다. 오랫동안 나는 지식과 지혜의 차이를 이해하지 못했다. 지성 이외에 다른 방식의 앎이 있다는 사실과 더 큰 힘을 지닌 방법이 있다는 사실을 알게 된 것은 내 기억으로 35세가 넘은 후였다. 그때에야 비로소 가치를 지닌 많은 것들이 책에 씌어 있거나 과학적인 업적을 통해 이루어지는 게 아님을 깨닫고는 놀랐다. 그것들은 학교에 다닌 사람들에 의해서도 알려지지만 학교에 다니지 않은 사람들에 의해서도 알려진다. 읽는 법을 아는 사람들에 의해서도 알려지지만 전혀 읽을 줄 모르는 사람들에 의해서도 알려진다.

제대로 살려면 삶을 읽는 법을 배워야 한다는 것도 알게 되었다. 삶은 어느 누구를 통해서든 우리에게 말을 건넨다. 전혀 교육을 받지 않았거나 우리말을 모르거나 병들거나 죽어가는 사람, 심지어는 어린 아기를 통해서도 지혜를 들려준다. 때로는 한마디 말을 하지 않고서 많은 이야기를 들려주기도 한다. 나는 자신을 결코 스승이라고 생각하지 않는 사람들에게서 인생에 대해 참 많은 것을 배웠다.

삶에 완전히 통달한 스승은 없다. 우리 모두는 여전히 삶에 대해 배워 나간다. 누구나 인생으로서 미완성이다. 그러나 아주 깊이 귀를 기울이기 때문에 삶의 세밀한 소리까지 들을 수 있는 사람들이 있다. 스승이 있다면 삶에 깊이 귀를 기울여 듣는 법을 배운 사람이다.

스승은 단지 손가락으로 가리킬 뿐이다. 궁극적으로는 우리가 알아내야 한다. 스승을 따름으로써가 아니라 스승이 가리켜 주는 길을 따라 우리 스스로 걸어감으로써 알아내야 한다. 좋은 스승을 만나면 듣는 비법을 배울지도 모른다. 그러나 결코 삶의 비법을 배울 수는 없다. 스스로 삶에 귀를 기울여야 한다.

사람들은 여러 가지 기법을 사용하여 지혜에 이르고자 한다. 어떤 사람들은 명상을 하기도 하고 어떤 사람들은 요가를 하기도 하며 어떤 사람들은 선을 한다. 침묵 속에서 기도하고 성가를 부르고 단식하기도 한다. 이 모든 것들이 당신 안에 있는 어떤 것을 조금 더 잘 듣도록 도와줄 수 있을 것이다. 그러나 어느 것도 지혜에 이르게 하지는 못한다. 삶을 체험하는 과정을 통해서만 지혜에 이르는 길을 발견하게 될 것이다.

삶에서 배운다는 것은 시간이 걸리는 일이다. 나에게 삶의 지혜가 주어졌을 때 나는 그것을 알지 못했다. 지혜의 선물은 잘 포장된 선물이 아니다. 그런데 나는 그런 것을 찾아 헤매느라고 제대로 알아보지 못하기도 했다. 그 선물이 나에게 주어진 지 몇 년이 지난 후에야 비로소 그것을 알아챘다. 때로는 받을 준비가 되어 있지 않아서 다른 것을 먼저 받기도 했다. 많은 지혜는 헌 옷 가게에서 파는 헐렁한 싸구려 옷과 같다. 헌 옷처럼 그것을 받을 때에는 입기에 너무 클지도 모른다.

단순하게 삶과 어깨동무를 할 때 우리는 삶이 지니고 있는 문제들을 풀 수 있다. 처음에 문제가 생겼을 때와 같은 사고방식으로 접근하면 문제는 결코 풀리지 않을 것이다. 우리가 갖고 있는 많은 문제들을 해결하기 위해서 보통 전문적인 지식을 강조한다. 하지만 더 나은 기술을 계발하고 전문적인 지식을 습득하는 것이 전부는 아니다. 보다 단순하고 보다 인간적인 새로운 어떤 것이 필요할지도 모른다. 우리의 전문성을 넘어서는 어떤 것을 향해 우리가 열려 있어야 한다. 삶을 신뢰하는 법을 배워야 한다.

티베트 사람들은 더 잘 살 수 있는 지혜의 선물을 전수해준 사람들에 대한 특별한 존경심을 지니고 있다. 아마 이것은 적과 친구, 연인과 부모와 아이, 심지어는 개미와 독수리와 말 등 삶을 지닌 모든 것에 대해 깊은 존경심을 지닌다는 의미이리라.

VI
본래의 모습

44 _ 삶을 안다는 것

　의학을 공부한 이래 내가 배운 것 중 하나는 몇 년 동안 생명이나 삶에 대해 공부하면서도 생명이나 삶이 무엇인지 전혀 알지 못했다는 사실이다. 우리 삶에는 과학이 설명할 수 없는 일이 자주 일어난다. 아주 중요한 일은 측정될 수도 없다. 다만 관찰되거나 목격되거나 궁극적으로 신뢰 안에서 받아들여질 뿐이다. 생명이나 삶은 단순한 사실에 의해 제한되지 않는다. 과학은 나름대로 생명이나 삶을 규정하지만 생명이나 삶은 과학보다는 훨씬 더 크다.

　비영리 기관에서 연구 책임자로 일하는 친구가 있다. 그는 암이 자생적으로 치유되는 사례에 큰 관심을 갖고 있다. 그 일이 점점 널리 알려지면서 많은 암 환자들이 자신들의 사례를 전화로 또는 편지로 알려왔다. 이런 사람들 중에서 지독한 고통을 주는 골 종양이 자연적으로 치유되었다고 주장한 사람이 있었다.

그는 대학생이었을 때, 골육종이라는 진단을 받았다. 오른 쪽 넓적다리에 크고 딱딱한 혹이 생겨 병원에 갔더니 암이라는 선고가 내려졌다. 의사는 그와 부모를 불러 오른쪽 다리를 넓적다리까지 절단해야 한다고 했다. 그는 당시 열아홉 살이었다. 부모가 그를 설득하려고 했지만 그는 절단 수술을 거부했다. 그는 수술이나 항암 치료를 받지 않고 자연 속에서 살겠다고 하면서 부모의 고향에 있는 농장으로 갔다. 그런데 그곳 성당의 신부가 그를 잘 알았다. 신부는 성당 교우들에게 매일 저녁 7시에 성당에 모여서 그를 위해 기도해달라고 했다. 본당 신자들은 그 젊은이를 위해 2년 동안 저녁마다 모여 열심히 기도했다. 놀랍게도 시간이 지나면서 그의 넓적다리에 있는 혹은 점점 작아지더니 마침내 완전히 사라졌다.

내 친구는 이 이야기에 사로잡혔다. 그는 의학도로서 쉽게 받아들일 수 없는 이야기지만 그의 이야기가 너무나 진지하고 거짓이 없는 것처럼 느껴져서 지워버릴 수가 없다고 했다. 그녀는 내게 그 일에 대해 좀 알아봐달라고 전화를 했다. 그 청년을 맨 처음 진단했던 의사를 찾아 이 이야기가 사실인지 확인해달라는 부탁이었다. 그 의사가 검사한 기록을 추적해볼 수 있는지 알아봐달라고 했다.

"언제 있었던 일이지?"

그녀는 좀 미안하다는 듯이 말했다.

"20년이나 지났어."

나는 솔직히 그 이야기를 믿을 수도 없고, 너무 오래되어 추적이 가능한지도 모르겠다고 말했다.

"제발 좀 알아봐줘."

하는 수 없이 나는 그 일에 대해 알아보기로 했다. 일은 생각보다 쉽게 풀렸다. 그 청년을 진단했던 의사는 당시 비교적 젊은 의사였다. 그의 이름은 아직도 주의 의사협회에 등록이 되어 있었으며 의사로서 활동을 하고 있었다. 나는 용기를 내어 전화를 걸었다. 그의 신뢰를 얻기 위해 내 소개를 하고 그가 20년 전 환자들의 기록을 가지고 있는지 알고 싶어서 전화했다고 말했다. 너무 오랜 시간이 흘렀기 때문에 그가 그 환자를 기억하는지도 의문이었다. 그런데 내가 그 환자의 이름을 말하자 그는 즉시 대답했다.

"기억하고말고요. 사실 그 후에도 그 친구를 여러 번 생각했지요. 얼마나 지각이 없는 친구였는지요. 참 비극이었어요. 선생님은 가족을 위해서 전화를 하시는군요?"

나는 묘한 기분이 되었다.

"아닙니다."

나는 그가 아직 살아 있다고 말했다.

"그래요? 천만 다행이군요. 어디에서 수술을 받았답니까?"

"수술을 받지 않았다는군요."

잠시 침묵이 흘렀다. 그의 목소리는 어느 정도 격앙되어 있었다.

"그러면 도대체 어떻게 된 거지요?"

그에게 내가 들은 이야기를 해주었다. 다시 침묵이 흘렀다. 이번에는 꽤 긴 침묵이었다. 그리고 그는 말없이 전화기를 내려놓았다. 뚜뚜 하는 신호음만이 내 귀에 울렸다. 다시 전화를 걸었지만 그는 전화를 받지 않았다. 여러 번 그에게 전화를 걸고 메시지를 남겼지만 그와 다시 통화를 할 수는 없었다.

우리 대부분은 우리가 체험하고자 한 것보다도 더 큰 신비를 만나게 된다. 삶을 진정으로 알기 위해서는 불신의 담을 허물어야 한다. 우리가 얻은 지식은 피상적일 수 있으며 세상은 우리의 생각과는 다를 수도 있음을 깨달아야 한다. 그렇게 하기가 쉽지는 않다. 때로 그 때문에 스트레스를 받고 당황할 수도 있다. 그러나 기꺼이 그 신비를 받아들이지 못한다면 우리는 삶이라는 전화기를 놓아버릴지도 모른다.

45__ 한 번만 더

그날따라 비교적 응급실이 무척 조용했다. 밤 10시경이었다. 거의 정신이 나간 듯이 보이는 젊은 남자가 의식을 잃어 축 늘어진 아기를 품에 안고 응급실 문을 밀고 들어왔다. 그는 아기를 살려달라고 울부짖었다. 아기를 즉시 치료실의 스트레쳐 카트 위에 눕히고 세 명의 고참 레지던트가 달려들어 응급 조치를 취했다. 당시 인턴인 나는 주로 선배들의 일을 보고 배우는 처지였다. 아기에게서 피를 뽑은 후 양쪽 팔에 정맥 주사를 놓았고 여러 가지 의료 기구들을 설치했다. 아기의 심장에 심전계가 연결되었다. 심전도의 곡선은 매우 불규칙적으로 오르내렸다. 아기의 심장은 아주 약하게 움직였다. 갑자기 심전도의 곡선이 아래로 점점 내려갔다. 아기의 부모는 아기가 계속 설사를 했다고 말했다. 제일 고참 레지던트가 생명을 위협하는 탈수증이라는 진단을 내렸다.

심전계의 모니터를 바라보던 레지던트가 아기가 죽어간다고 소리쳤다. 아이는 심실 세동 상태였다. 불과 몇 초 사이에 아기는 심장 질환에 의한 근육성 진통을 일으키고 있었다. 그냥 두면 몇 분 이내에 심장이 멎는, 심장 부정맥 현상 중에서 가장 위험한 증상이었다. 아기의 생명은 경각을 다투고 있었다. 한 레지던트가 급하게 전기 충격을 주는 기계(자동체외재세동기)를 가져왔다. 아기에게 전기 충격을 가해 정상적인 심장 박동을 되찾게 할 유일한 희망이었다. 가장 고참인 레지던트가 스트레쳐 카트에 바짝 다가서서 전극 패드 하나는 아이의 등에 대고 다른 하나는 가슴에 대었다. 전극 패드는 아기의 작은 가슴을 거의 전부 덮었다. 재세동기를 잡은 레지던트가 소리쳤다.

"뒤로!"

모두 충격을 피하려고 스트레쳐 카트에서 한 발짝 물러섰다. 그는 버튼을 눌러 아기에게 첫 번째 충격을 주었다. 우리는 모두 심전계 모니터를 바라보았다. 심장이 멎은 것처럼 곡선은 거의 일 자에 가까웠다.

"다시 한번!"

우리는 다시 한 발짝 뒤로 물러섰다. 그렇게 네 번이나 충격을 주었지만 아무런 반응이 없었다. 심전계 곡선은 완전히 일자가 되었다. 아기의 심장이 멎어버렸음을 알 수 있었다.

고참은 전극 패드를 바닥에 내던졌다.

"이런 빌어먹을!"

그는 격한 감정으로 소리쳤다. 그러더니 갑자기 에피네프린을 직접 아기의 심장에 주사하라고 명령했다. 에피네프린은 부신 수질에서 분비되는, 혈압을 올리는 호르몬이다. 여전히 아무 반응이 없었다. 그는 고개를 돌리고 다른 두 레지던트를 바라보더니 고개를 끄떡였다. 그는 중얼거리듯 말했다.

"이제 할 수 없어. 아기 부모에게 알려야지."

고참 레지던트들은 모두 치료실에서 나갔다. 방금 전까지 숨이 막힐 듯한 분위기였던 방은 고요한 적막에 휩싸였다. 나와 두 명의 간호사만 남아 있었다. 우리는 스트레쳐 카트에 누운 아기를 바라보았다. 아주 작고 귀여운 아기였다. 문득 내 안의 어떤 것이 아기를 향해 소리쳤다. 마당에서 놀고 있는 아기에게 이제 그만 놀고 밥을 먹으라고 부르는 것처럼 아기를 부르고 있었다. 그 아기는 어제까지도 말짱했다. 불과 5분 전까지도 아기의 심장은 뛰고 있었다. 아기가 다시는 이 삶으로 돌아올 수 없다고 생각하니 견딜 수가 없었다. 전기 충격을 네 번이나 시도해도 소생하지 않으면 가망이 없다는 것을 알기엔 나는 너무 신출내기 의사였다.

나는 무작정 몸을 굽혀 고참 레지던트가 내동댕이친 전극 패드를 집어 들었다. 그리고 간호사들에게 말했다.

"한 번만 더 해봐요."

선배 레지던트가 하는 것을 본 대로 나는 전극 패드를 등과 가슴에 대고, 뒤로!라고 소리를 질렀다. 간호사들은 한 발짝 뒤로 물러섰다. 빨간 버튼을 눌렀다. 작은 아기는 스트레쳐 카트에서 약간 들썩 하더니 다시 내려앉았다. 침묵이 흘렀다. 간호사의 숨소리만 들렸다. 잠시 후 간호사가 속삭였다.

"여기 봐요!"

그녀는 심전계 모니터를 가리켰다. 일 자이던 선이 곡선을 그리고 있었다. 아기의 심장이 정상적으로 뛰고 있다는 것을 나타내는 곡선이었다. 나는 얼른 전극 패드를 치우고 아기를 안았다.

치료실 안에 깊은 안도의 숨소리가 들렸다. 우리 모두의 눈에는 눈물이 흘러내렸다. 그 순간 문이 열렸다. 거의 제정신이 아닌 여인이 뛰어들어왔다. 바로 하얗게 질린 남자가 따라들어와 여인의 어깨를 잡고 섰다. 그들 뒤에 두 레지던트의 모습이 보였다. 그들 모두는 아기가 죽은 줄 알고 있었다. 그때 아기가 자지러지게 울기 시작했다. 아기 엄마가 멍한 얼굴로 아기를 향해 비틀거리며 다가왔다. 한 간호사가 얼른 스탠드에서 링거 병을 꺼내들었고 다른 한 사람이 심전계 기계를 밀었다. 우리는 치료실과 문 사이 중간쯤에서 아기를 엄마의 팔에 안겨주었다.

47년이나 환자로 사는 동안 나는 수많은 사람들에 의해 섬김을 받았다. 그들 중에는 전문직에 종사하는 사람들도 있지만 그렇지 않은 사람들도 있었다. 나는 자주 예상하지 못한 결과를 보고 놀란다. 그것은 삶 안에 있는 신비스러운 영원성을 만나게 되는 순간이었다. 한 사람의 삶을 섬기는 포물선은 몇십 년이 걸리기도 하고 그 결실은 섬기는 사람이 이 세상을 등진 후에야 거두게 될 수도 있다.

그러나 어떤 때는 신비로운 사건에 참여하는 놀라운 순간을 맞이하기도 한다. 그것은 은총이다. 과학의 한계를 넘어서는 놀라운 일은 우리 주변에서 어느 때나 일어날 수 있다. 그 순간을 경험하게 되면 사람들은 신비스러운 목적에 따라 삶이 충족되는 것을 직접 체험하고 깊은 감사의 마음을 갖게 된다.

46 _ 차이 만들기

헤리어트는 의자에 엉거주춤 앉아 화가 난 음성으로 말했다. 자기는 20년도 넘게 의학을 공부하고 계속 의사로서 활동해왔다고 했다. 그녀는 소아과 전공으로 시작해 신생아 전공으로 공부를 했고, 미숙아 분야에서 최정상에 올랐다. 결혼도 미루고 미숙아들의 생명을 살리는 일에 헌신해 그 특수 분야에서 최고 권위자의 한 사람이라고 했다.

그녀가 말하는 동안 나는 그녀의 모습을 바라보았다. 평범한 셔츠에 화장이나 액세서리도 하지 않은 수수한 모습이었다. 짧은 머리를 아무렇게나 빗어 넘긴 그녀의 모습은 순수하고 진솔해 보였다. 그녀와 함께 있는 것이 무척 편안하게 느껴졌다.

그녀가 자기 일에 대해 이야기를 하는 동안 그녀의 분노 밑에 무언가 숨겨져 있음을 느꼈다. 그것이 무엇인지를 꼬집어 이야기할 수는 없었다. 나는 조금 더 자세히 들으려고 그녀 가까이로 몸을 기울였다. 그녀는 지난 5년 동안 미숙아들을 돌보는 일에 자신의 삶을 던졌다고 말했다. 그런데 이제 매일의 전화와 하찮은 서류 정리, 그리고 보험회사 직원과의 언쟁, 미숙아들을 돌보는 데 필요한 비용 산출 등의 쓸데없는 일에 귀중한 시간을 허비하고 있다고 불평을 했다.

그녀는 중부 지방의 억양으로 지친 듯 말했다.

"이제 더는 못 하겠어요."

무어라 꼬집어 말할 수 없던 것은 분명히 실망의 감정이었다. 우리가 말하는 동안 그녀는 아무런 생각 없이 내 서가에 놓여 있던 물건 하나를 집어 계속 만지작거렸다. 그것은 누군가 바닷가에서 주워온 불가사리였다. 대화 중 그런 행동을 하는 사람은 그녀가 처음이었다. 나는 여전히 귀를 기울여 들으면서 그녀의 손을 바라보았다. 그녀는 불가사리를 손바닥으로 감싸고 있다가 그 촉감을 손바닥에 느끼면서 만졌다.

상담이 끝나가고 있을 때 나는 그녀가 계속 불가사리를 만지고 있었다는 것을 일깨워주었다. 그녀는 깜짝 놀라며 고개를 숙여 자기 손을 쳐다보았다.

"이 작은 불가사리와 우리가 나누었던 이야기가 어떤 상관이 있습니까?"

내 물음에 그녀는 당황하며 전혀 의식하지 못했다고 말했다.

"불가사리에 대해 어떻게 느끼세요?"

그녀는 망설이지 않고 대답했다.

"왠지 느낌이 좋아요."

나는 그녀에게 제안했다.

"그러면 그것을 가지고 가셨다가 다음 상담 때에 가지고 오시겠어요? 느낌이 좋았던 이유는 그때 말씀해주시지요."

그녀는 불가사리를 주머니에 넣고 일어섰다.

"일주일 후에 뵙겠습니다."

그리고 사무실에서 나갔다. 그 후 계속 이어지는 다른 상담 약속이 있어 그것에 대해 다시 생각할 겨를은 없었다. 하루의 마지막 상담을 끝내고 그날 상담한 내용들을 정리하고 있을 때 문을 두드리는 소리가 들렸다. 놀랍게도 헤리어트였다.

"조금 더 말씀을 나눌 시간이 있으세요?"

상담실 의자에 마주 앉아 그녀는 나를 바라보았다. 그녀는 드디어 생각이 났다며 불가사리를 꺼내 우리 사이에 놓인 탁자에 올려놓았다. 그러고는 이야기를 하나 들려주었다.

한 노인이 조용히 파도가 밀려오는 바닷가를 걷고 있었다. 바닷가에는 파도에 밀려온 몇백 마리의 불가사리들이 널려 있었다. 노인은 뜨겁게 내리쬐는 태양 볕 아래에서 말라가는 불가사리들을 하나씩 집어 다시 바다로 던졌다. 계속 그 일을 하고 있을 때 바닷가를 걷던 한 젊은이가 다가와 무엇을 하는지 물었다. 노인은 불가사리들이 태양 아래에서 죽어가고 있기 때문에 그들을 다시 바다 속으로 돌려보낸다고 설명했다. 젊은이는 웃기 시작했다.

"할아버지, 시간 낭비하지 마세요. 보세요, 바닷가에는 불가사리가 몇백 마리나 되는데 그것을 언제 다 바다에 넣어주려고 하십니까? 또 세상에는 이런 바닷가가 몇천 개도 넘어요. 내일도 불가사리들은 파도에 밀려 바닷가에 널리게 될 텐 데요. 단지 몇 마리를 바다로 돌려보낸다고 해서 무슨 차이가 있겠어요?"

젊은이는 약간 비웃는 듯한 미소를 지으며 노인을 지나쳐갔다. 노인은 잠시 자기 자신의 모습을 바라보았다. 그러고는 다시 불가사리 한 마리를 집어 생각에 잠겨 그것을 바라보았다. 그리고 그것을 바다로 던졌다. 노인은 혼자 이렇게 중얼거렸다.

"적어도 이 한 마리에게는 차이가 있지."

헤리어트는 눈물을 글썽이면서 그 이야기를 했다. 전화 한 통화를 받고 편지 한 통을 쓰고 서류를 작성하는 일 따위도 중요하다는 것을 잊었다고 했다.

"제도가 잘못 되어 있다는 데에 마음을 쓰다 보니까 제가 하는 일의 중요성을 잘못 생각했어요. 그래요. 제가 하는 일이 세상을 바꾸어야 하는 것은 아니지요. 그것은 제가 바꿀 수도 없는 일이고요. 저는 제가 할 수 있는 일을 하면 된다는 사실을 잊고 있었어요. 중요한 것은 삶을 어루만지는 일인 것 같아요. 미숙아들을 어루만져줌으로써 적어도 그 한 아기에게만은 차이를 만들어낼 수 있겠지요."

섬김의 삶을 산다고 하더라도 여러 가지 한계에 부닥칠 때 우리는 마음을 다친다. 그 문제가 너무나 크게 느껴지고 우리가 하는 일이 별 의미가 없다고 생각되기도 한다. 그러나 우리가 하는 일이 아무리 보잘것없는 것처럼 느껴지고 그 일이 세상을 바꾸는 일이 아니어도, 섬기려는 마음이 있는 한 그것이 모여 세상을 바꾸어 나간다. 우리가 하는 일이 위대하거나 보잘것없거나 상관없이 우리는 한 번에 한 사람의 삶을 축복할 수 있다.

한번은 의사들의 모임에서 어떤 의사가 뉴욕 시 한 병원의 비행 청소년 담당 책임자인 소아과 의사에게 물었다.

"여전히 청소년들은 많은 사회 문제를 일으키고 있습니다. 당신은 결국 아무런 차이도 만들지 못하는 셈인데 어떻게 계속 그 일을 해나갈 수 있습니까?"

그녀는 확신에 차서 대답했다.

"왜 아무런 차이를 만들지 못한다고 생각하세요? 아이들에게는 제가 하는 모든 일이 다 차이를 만들고 있지요."

47 __ 미친 결벽

신디의 남편은 자기 아내를 놓고 '미친 결벽'이라고 표현했다. 그녀의 어머니도 똑같았다고 한다. 집에 먼지 한 점 없어야 했다. 찬장의 식기들은 윤기로 반짝거렸다. 토끼 같은 아이들 셋과 곰 같은 남편이 사는 집은 어디 한 군데 흐트러짐이 없었다. 집 안이 조금만 어질러져 있어도 그녀는 그냥 넘어가지 않았다. 그녀의 딸아이가 말했다.

"엄마는 집 안에 작은 휴지 조각 하나만 떨어져 있어도 누가 그랬는지 말하게 했어요. 그러고는 어지른 사람에게 치우게 하셨어요."

신디는 암에 걸린 후 모든 것이 달라졌음을 느꼈다. 항암 치료로 쇠약해진 그녀는 침실에서 화장실까지 가는 것도 힘들었다. 물론 밥을 할 수도 없었다. 이웃 사람들이 돌아가면서 식탁을 차려주었다. 집 안은 엉망이 되어갔다. 빨래가 여기저기 뒹굴고 찬장의 식기들이 아무 곳에나 가 있었다. 깨끗하던 벽에는 세

아이들이 친구들과 놀다가 붙여놓은 그림들이 여기저기 붙게 되었다. 그 그림들과 더불어 그녀의 병이 낫기를 바라는 기도문들이 스카치테이프로 벽에 붙여졌다. 남편이 어디선가 데려온 고양이는 아무 데서나 볼일을 보고 다녔다. 하지만 고양이가 기분 좋은 듯 가르랑거리는 느낌은 고통 때문에 잠들지 못하는 깊은 밤 그녀에게 따뜻한 위로가 되어주었다.

그녀는 웃으면서 말했다. 이제부터는 암에 걸리기 전의 방식으로는 살지 않겠다고.

"저는 가족들을 너무 못살게 굴었지요. 심지어는 집에 온 손님들에게 어질러놓았다고 화를 내기도 했다니까요. 너무 오래 그런 식으로 살았어요."

그녀는 최근에 동생네를 다녀왔다고 말했다.

"우리는 식탁에 앉아 차를 마셨어요. 그러다가 동생이 쓰는 거실을 들여다보게 되었지요. 카펫이 깔려 있었는데요, 카펫의 올이 일정한 방향으로 나 있을 만큼 진공 청소기로 깨끗하게 청소해놓았더군요. 한때는 그런 것을 보면 아주 기분이 좋았는데 이제는 왠지 좀 서글퍼 보여요. 외로워 보이고 인간적인 면이 묻어나지 않는 것처럼 느껴져요."

그녀는 살며시 웃었다.

"레이첼 선생님, 저는 그동안 우리의 삶에 부엌 바닥을 깨끗이 치우는 것보다 더 좋은 게 있다는 걸 모르고 살았어요."

삶에서 참으로 소중한 것이 무엇인지 알게 되면 완벽함이 아니라 인간적인 것을 추구하게 된다. 고대의 지혜를 지닌 문화에서는 완벽함보다 인간적인 것에 가치를 두었다. 일본에서 선(禪) 정원사는 정교한 균형미를 이룬 정원의 한쪽 구석에 민들레를 몇 송이 심는다고 한다. 이란에서는 아름다운 문양으로 섬세하게 짠 카펫에 의도적으로 흠을 하나 남겨놓는다고 한다. 그것을 '페르시아의 흠'이라고 부른다. 청교도들이 누비 이불을 만들 때 누비 이불의 대가는 그가 만드는 누비 이불마다 피를 한 방울 떨어뜨린다고 한다. 인디언들은 구슬로 목걸이를 만들 때 살짝 깨진 구슬을 하나 꿰어 넣었다고 한다. 그것을 '영혼의 구슬'이라고 불렀다. 영혼을 지닌 것은 어떤 존재도 완벽할 수가 없다. 당신이 만들어가는 삶의 천에 '영혼의 구슬'과 같은 올이 하나 들어갈 수 있다면 당신이 꿈꾸었던 삶의 천보다 더 멋진 천을 만들어낼 수 있을 것이다.

때로는 삶의 중심보다 가장자리에서 더 큰 지혜를 발견하게 된다. 생명을 위협하는 병마는 카드가 섞이는 것처럼 우리의 가치관을 뒤섞어놓을 수 있다. 우리 인생에서 가장 아래에 놓여 있던 카드가 가장 위에 놓인 카드가 되기도 한다. 나는 몇 년 동안 죽음을 앞둔 사람들이 카드 놀이를 하는 모습을 바라보면서 그들의 에이스는 완벽함도 재산도 심지어는 자존심도 아님을 알게 되었다. 그것은 바로 사랑이었다.

48__본래의 모습

　누군가의 삶을 축복해준다는 것은 그가 지닌 고유함을 존중하는 것이다. 우리가 원하는 대로 되기를 바라는 것이 아니라 그 자신의 본질 속에서 성장하도록 열린 마음으로 바라보는 것이다. 누군가를 우리가 원하는 사람으로 만들려고 하면 그가 지닌 본래의 모습을 망가뜨리게 된다. 삶을 축복해주는 것은 그 사람에게 자유를 주는 것이다.

　리처드는 어릴 때부터 특출했다. 18개월이 되었을 때 이미 책을 읽기 시작했고 세 살 때는 브리태니커 백과사전을 읽었다. 그는 아직도 그때 읽은 것 중에 많은 것을 기억했다. 그의 부모는 지적으로 매우 뛰어난 사람이었다. 어머니는 판사였고 아버지는 세계적으로 명성을 날리는 과학자였다. 리처드가 똑똑하기는 했지만, 그래도 부모의 극성이 지나쳤다. 그들은 아기가 태어나자마자 가장 좋은 사립 학교에 등록을 했다. 세 살 때에 이미 옥스

퍼드대학교에 입학할 수 있는 허가를 받아놓을 정도였다.

부모들은 리처드의 천재성에 지나치게 집착했다. 리처드를 일반 학교 교사에게는 맡길 수 없다고 생각했다. 다른 아이들이 유치원에 다니는 나이에 아이는 엄격하게 선발된 가정 교사와 공부를 했다. 부모들은 그들이 제대로 가르치는지 감독했다. 매일 저녁 아이가 무엇을 배웠는지 점검했다. 리처드는 어린 시절 다른 아이들과 함께 놀거나 어린이 책을 본 기억이 없었다. 그는 열두 살 되던 해에 집을 나가 4년 동안 아무 소식 없이 지냈다.

누구도 그 4년 동안 리처드가 어디에서 어떻게 살았는지 알 수 없었다. 내가 리처드를 만나기 몇 개월 전 그는 고속 도로에서 유랑자로 체포되었다. 그는 집으로 돌아가기를 거부했고 부모를 만나고 싶지 않다고 말했다. 아직 미성년자였기 때문에 법정의 보호 감독 아래 위탁 부양 가정에 맡겨졌다. 그의 아버지가 내게 아들을 만나 상담해달라고 청했다. 나는 처음에 부모와 함께 만나면 어떠냐고 제의했지만 그는 정중히 사양했다. 그리고 자기와 아내는 여전히 리처드를 아들로 여긴다고 말했다.

리처드는 의자에 깊숙이 앉아 있었다. 그는 나를 바라보기만 했다. 나는 그에게서 느껴지는 야생적인 모습에 어떤 충격을 받았다. 그가 방 안에 앉아 있는 데에 전혀 적응하지 못한다는 것을 알 수 있었다. 그와 이야기를 나누는 것은 다른 사람들과는 너무나 달라서 특별한 주의를 기울여야 했다. 그는 우리 집 뒷산에서 가끔 보는 야생의 동물을 연상시켰다. 그들은 인적이 드물 때 나타났다가 휙 사라져버린다. 리처드는 야생 동물들과 마찬가지로 이 세상의 어디에도, 누구에게도 속하지 않는 것처럼 보였다. 그에게 자유를 주기 위해서는 일반적인 생각을 버리고 그냥 내버려두어야 한다고 느꼈다.

나는 그를 바라보며 물었다.

"지금 원하는 것이 있어요?"

그는 머뭇거리며 대답했다.

"잘 모르겠어요."

나는 그에게 부드러운 목소리로 말했다.

"그러면 좀 기다려보기로 해요."

법원에서는 그가 일반 고등 학교에 다니도록 명령을 내렸다. 공부를 따라가는 것은 전혀 문제가 되지 않았지만 처음으로 동년배의 친구들과 생활한다는 것이 어려움이었다. 리처드는 열여섯 살이었지만 지금까지 한 번도 스포츠라는 것을 해본 적이 없고 또래의 친구를 가져본 적도 없었다. 처음에는 적응하지 못하고 많은 실수를 했지만 차츰 그들에게서 배우기 시작했다. 그는 외톨이로 혼자 조용히 있었고 다른 아이들은 그를 내버려두었지만, 그는 서서히 적응하고 성장했다. 워낙 공부에 탁월하고 천성이 착했기 때문에 리처드는 학업에 뒤처지는 친구들을 도와주기 시작했다. 그러자 그가 타고난 선생이라는 것이 드러났다.

그는 차츰 자기도 여러 가지 다른 것을 잘할 수 있음을 알게 되고 스스로 놀랐다. 전에는 공을 만져보지도 못했는데 몇 번 농구공을 던지다가 다른 아이들처럼 공을 골대에 집어넣게 되었다. 그는 사진을 찍는 데 타고난 재능이 있다는 것도 알게 되어 사진반에 들었다. 그가 낸 첫 작품을 본 사진반 지도 선생님은 그 사진의 너무나도 특별함에 놀라 유명한 사진전에 출품했다. 그는 사진전에서 어린 나이로는 아무도 받지 못했던 상을 받기도 했다. 다음 해에는 국내에서 내로라 하는 사진 작가들이 출품하는 비중 있는 사진전에서 수상하기도 했다. 평범한 것을 다르게 바라보는 그만의 독특한 시각 때문에 그는 점차 사진 작가로서 인정을 받고 명성을 쌓아가게 되었다. 그는 정상적인 생활을 되찾았지만 결코 부모와 함께 살려고 하지 않았다.

나는 5년 동안이나 리처드와 상담을 했다. 마지막 상담을 하고 몇 년이 지난 후에 그는 내게 편지를 보냈다. 사진전에 오라는 초대장과 함께 하나의 이야기가 들어 있었다. 지금은 그 편지를 가지고 있지 않지만 그 이야기를 기억한다.

옛날 옛적에 아주 번성한 왕국이 있었습니다. 땅이 얼마나 비옥한지 밭에 곡식을 심으면 몇 배의 수확이 나왔고 과일 나무들은 보통보다 두 배나 큰 열매를 맺었습니다. 젖소는 우유 대신 크림을 만들었고 사람들은 모두 행복했습니다. 왕국의 가장 큰 자랑은 왕자였습니다. 왕자는 왕과 왕비의 유일한 아이였지요. 그 왕국 모든 사람들의 시선은 왕자에게 집중되었고 나라의 희망은 온전히 왕자의 어깨에 달려 있었습니다. 왕자가 거리를 지나가면 사람들은 수군거렸습니다.

"왕자님이다. 왕자는 모든 면에서 얼마나 완벽한가! 그가 왕이 되면 얼마나 완벽한 왕이 될 것인가!"

왕자는 대부분의 시간을 완벽한 왕이 되는 법을 가르쳐주는 선생님들과 공부하는 데 보냈습니다. 왕국에서는 모든 것이 잘 되어가고 있었지요. 그런데 어느 날 왕자가 보이지 않았습니다. 시종들이 온 궁궐을 뒤져 왕자를 찾았습니다.

"왕자님이 사라졌다."

이 이야기는 입에서 입으로 온 백성들에게 전해졌습니다. 백성들은 큰 근심에 휩싸였지요. 왕과 왕비는 기절할 지경이 되어 궁궐 안에 있는 몇백 개의 방을 뒤지면서 왕자를 찾았습니다. 하루는 대연회장 홀을 청소하던 시녀가 우연히 왕자님이 연회를 할 때 사용하는 탁자 밑에 웅크리고 있는 것을 보았습니다. 왕자는 기이하게도 발가벗고 있었지요. 그녀는 놀라서 물었습니다.

"왕자님, 그곳에서 무엇을 하고 계십니까? 옷은 어디에 있습니까?"

왕자는 시녀에게 말했습니다.

"나는 병아리다. 나는 옷이 필요하지 않다."

이 말을 들은 시녀는 왕과 왕비에게 달려가 왕자님을 찾았지만 안타깝게도 정신 이상이 되었다고 알렸습니다.

왕궁에 있는 모든 사람들이 이 비극을 보려고 대연회장의 홀로 모여들었지요. 사람들은 왕자를 설득하여 탁자 아래에서 나오게 하려고 했습니다. 옷을 가져다주었지만 왕자는 거부했지요. 가장 좋은 음식을 차려주고 나와서 먹으라고 달래보았지만 입에도 대지 않으려고 했습니다. 그러고는 여전히 사람들에게 말했지요.

"나는 병아리다."

할 수 없이 시녀가 옥수수 한 줌을 뿌려주자 왕자는 병아리처럼 그것을 쪼아 먹었습니다. 왕국에서는 난리가 났습니다. 왕은 전국에 왕자의 정신병을 고칠 수 있는 현자를 찾는다는 방을 내붙였습니다. 많은 사람들이 왕자의 병을 고쳐보겠다고 왔지요. 그들은 모두 왕자에게 그가 병아리가 아니라 왕자라는 것을 확신시켜주려고 애썼습니다. 하지만 모두 실패하고 돌아갔지요. 왕자는 그를 만나는 모든 사람들에게 말했습니다.

"나는 병아리다."

더는 현자를 자처하는 사람이 나타나지 않았습니다. 왕은 어떻게 해야 할지 난감하기만 했습니다. 어느 날 농사를 짓는 늙은 여인이 왕을 알현하기를 원했지요. 여인은 왕에게 말했습니다.

"제가 왕자님을 낫게 할 수 있습니다."

왕은 미심쩍은 눈으로 그녀를 바라보고 물었지요.

"당신은 지혜를 지닌 여인입니까?"

그녀가 대답했습니다.

"아닙니다."

"그러면, 학식을 지녔습니까?"

"아닙니다."

"그러면 어떻게 당신이 내 아들을 낫게 한단 말이오?"

"저는 병아리를 잘 알기 때문에 왕자님을 낫게 할 수 있습니다."

왕은 생각했습니다.

'모든 방법을 다 써보았지만 소용이 없었다. 그래도 이 여자에게 한번 왕자를 만나게 한다고 해가 될 것은 없지 않은가? 밑져야 본전이지 않은가?'

그래서 여인을 대연회장 홀의 탁자 밑으로 안내했습니다.

여인은 홀에 들어가자마자 자신이 몸에 걸친 옷을 모두 벗었습니다. 그리고는 탁자 밑으로 기어 들어가 왕자 옆에 나란히 앉았지요. 왕자는 그녀를 힐끗 쳐다보았지만 아무런 말도 하지 않았습니다. 조금 있으니까 시녀가 와서 옥수수 한 줌을 던져주었지요. 왕자가 그것을 먹기 시작했습니다. 여인도 왕자를 따라 옥수수를 쪼아 먹었습니다. 왕자는 한참 동안 아무 말 없이 여인을 바라보았습니다. 마침내 왕자가 늙은 여인에게 말했지요.

"당신은 누구신지요?"

여인이 되물었습니다.

"자네는 누구인가?"

왕자가 대답했습니다.

"나는 병아리입니다."

여인이 말했습니다.

"아, 그런가? 나는 암탉이라네."

왕자는 며칠 동안 곰곰이 생각했습니다. 왕자는 늙은 여인에게 닭들에게 중요한 것에 대해 말하기 시작했지요. 사람에게 중요한 것이 아닌 닭들에게 중요한 것이었지요. 그녀는 왕자의 말을 이해해주었지요. 그들은 닭의 세계에 대해 이야기하기 시작했습니다. 그러다가 그들은 앞으로의 세계에 대해 이야기를 나누었습니다. 그리고 그들은 친구가 되었지요.

몇 주가 지나자 늙은 여인은 시녀 하나를 불러서 옷을 가져오라고 시켰습니다. 시녀가 옷을 가져오자 그녀는 옷을 입었습니다. 왕자는 깜짝 놀라 소리쳤습니다.

"당신은 나를 배반했소! 당신은 자신이 닭이라고 하지 않았소."

늙은 여인이 말했습니다.

"나는 암탉임에 틀림이 없다. 나는 옷을 입지만 여전히 암탉이다."

왕자는 잠시 동안 곰곰이 생각에 잠겼습니다. 그러고는 벗어 놓았던 옷을 입었습니다. 그들은 전처럼 다시 대화를 나누었습니다. 그리고 전처럼 옥수수를 먹었습니다.

며칠이 지나자 늙은 여인은 시녀에게 좋은 음식을 가져와 식탁에 차려놓으라고 시켰습니다. 음식이 오고 식탁이 차려졌을 때 그녀는 탁자 밑에서 기어 나와 의자에 앉아 음식을 먹기 시작했지요. 왕자는 겁에 질려 소리쳤습니다.

"당신은 나를 속였소. 당신은 내게 자신이 암탉이라고 하지 않았소."

여인이 말했습니다.

"아니다. 나는 자네를 속이지 않았다. 나는 암탉이다. 나는 식탁에 앉아 음식을 먹지만 여전히 암탉이다."

왕자는 또다시 생각했습니다. 그러더니 탁자 밑에서 기어 나와 늙은 여인과 함께 식탁에 앉아 밥을 먹었지요. 그리고 왕자는 웃기 시작했습니다. 우리가 아는 한 그는 여전히 웃고 있습니다.

이 이야기의 끝은 해피 엔드입니다. 왕자는 가장 위대한 왕이 되었습니다. 그의 통치 아래에서 밭의 곡식처럼 백성들은 자유를 누렸습니다. 사람들은 자기가 되기를 원하는 대로 자유롭게 되었습니다. 한때 많은 곡식을 수확하며 행복해하던 사람들은 이제 지혜롭게 되었습니다.

왕은 늙은 여인이 드디어 왕자를 제정신으로 돌아오게 하는

데 성공했다는 말을 듣고 기뻐했습니다. 그는 그녀를 자기에게 데려오라고 했지요. 그녀가 원하는 무엇이든지 상으로 주겠다고 했습니다. 그리고 어떻게 왕자가 병아리가 아니라 왕자인지 알게 해주었는지를 말해달라고 했습니다. 그러나 그녀는 고개를 가로젓고 빈손으로 떠났습니다.

나는 이 이야기에 깊은 감동을 받았다. 그에게 전화해 이 이야기가 나에게 아주 큰 의미를 지니고 있다고 말했다.
"이 이야기에 제목이 있어요?"
"제목이 있어야 하는지는 잘 모르겠어요. 그러나 저와 선생님에 대한 이야기라고 생각해요."
내가 늙은 여인에 비유된 것이 기뻤고 감동을 받았다. 나는 그 늙은 여인처럼 지혜롭지도 못하고 사실 그를 위해 특별히 해준 것도 없었다. 다만 나와 늙은 여인의 공통점이 있다면, 인간 개개인의 고유함을 존중해주어야 한다는 생각이었다. 각자의 고유한 특성대로 자유롭게 살 수 있도록 해주는 것이 얼마나 중요한가를 알고 있다는 것이다. 늙은 여인이 왕자를 있는 그대로 받아들이고 존중해주었듯 나는 리처드를 만나면서 그의 본래의 모습을 있는 그대로 받아주고 지지해주었다.
어쩌면 우리 모두는 병아리거나 닭인지도 모른다.

49 __ 삶과 죽음의 경계에서

　열일곱 살 때였다. 나는 뉴욕 주 코넬대학교의 기숙사에서 잠이 들었지만 6개월이 지난 후 뉴욕의 어느 병원에서 깨어났다. 나를 오랫동안 괴롭힌 병은 이렇게 가장 극적인 방법으로 내게 찾아왔다. 나는 내장 출혈로 거의 6개월이나 의식 불명 상태로 누워 있었던 것이다. 그때부터 나는 평생 크론병을 앓는 환자가 되었다.
　바로 그때 나는 생애 처음으로 어머니가 어떤 분이신가 알게 되었다. 어머니는 전문직에 종사하는 여성으로 하루 종일 일을 하셨다. 어머니가 직장에서 돌아오시는 시간은 대개 내가 거의 잠자리에 들 때였다. 어머니는 내 곁에 앉아 책을 읽어주시거나 잘 자라는 입맞춤을 해주시곤 했다. 어린 내 기억 속에서 어머니는 주말에나 나를 돌보아주시는 까닭에 늘 내 삶의 중심에서 벗어나 있었다. 어머니는 좋은 냄새를 풍기기는 하지만 내 주변을 맴도는 그림자 같은 분으로 느껴졌다.

내가 의식 불명 상태가 되면서 우리 가족 모두의 삶에는 큰 변화가 있었다. 나는 부모님이 아주 늦은 나이에 얻은 유일한 아이였다. 때문에 부모님은 늘 나를 과잉 보호하셨다.

내가 코마 상태에서 깨어난다고 해도 정상적인 삶을 살기는 어려울 것이라는 의사의 말에 아버지는 의기소침해지셨다. 의사들은 내 병의 징후가 정확히 어떤 것인지 밝혀지지 않았으며 어떻게 해볼 도리가 없다고 했다. 큰 수술을 여러 번 받아야 할 뿐만 아니라 40세까지 살기도 어려울 것이라고 말했다. 당연히 학업을 계속할 수도 없었다. 아버지는 의사들이 하는 말을 곧이곧대로 들었고 내 삶에 대해 크게 낙담하셨다.

내 장래의 계획은 그런 것이 아니었다. 나는 반드시 의사가 되기를 희망했다. 외동딸로 태어나 어느 정도는 내가 하고 싶은 대로 자란 나는 한번 마음을 먹으면 그것을 꼭 해야만 했다. 나는 이 일로 아버지와 심하게 언쟁을 벌였다. 아직도 그때의 다툼이 선명하게 기억난다. 나는 병실 침대에 누워 있었고 아버지와 어머니는 침대 끄트머리에 앉아 계셨다. 아버지는 계속 의사가 했던 말을 반복하고 계셨다. 나는 화가 나서 의사가 무슨 말을 했던 기필코 학교로 다시 돌아갈 것이라고 말했다. 아버지는 화가 난 나머지 학비를 대주지 않겠다고 소리치셨다.

그때까지 조용히 우리의 대화를 듣고 계시던 어머니가 갑자기 말씀하셨다.

"내가 학비를 대주겠어요."

우리는 깜짝 놀라 어머니를 쳐다보았다. 어머니는 전문직에 종사하시고 미국에서 살고 계시지만, 러시아의 보수적인 환경에서 자라신 분이었다. 때문에 사소한 일도 남편과 의논하고 무조건 따르셨다. 나는 단 한 번도 어머니가 집안일이나 어떤 결정을 내릴 때 아버지를 거역하고 어머니의 개인적인 의견을 내시는 것을 본 적이 없었다.

아버지는 어안이 벙벙한 얼굴로 어머니께 말씀하셨다.

"당신이 어디서 돈을 마련한단 말이오?"

어머니는 얼굴색 하나 변하지 않고 담담한 어조로 내게 말씀하셨다.

"몇 년 동안 조금씩 모아놓은 돈이 있다. 이제 그 돈은 전부 네 것이야."

어머니는 잘 훈련된 가정 간호사이셨다. 어머니는 병원 측의 만류에도 불구하고 퇴원 서류에 서명을 하셨다. 나를 퇴원시켜 대학으로 데리고 가셨고 6개월 동안 대학의 기숙사에 머무르시며 나와 함께 생활하셨다. 나를 교실까지 데려다주시거나 내가 걸을 수 없을 때는 휠체어를 밀어주셨다. 6개월이 지나 어느 정도 내가 혼자 생활할 수 있게 되자 어머니는 집으로 돌아가셨다.

그 후로도 나는 쇠약한 몸으로 고통스러운 2년을 보내야 했다. 보통 사람들이 하는 식사는 할 수가 없었고 체중도 15kg 정도 빠졌다. 내가 먹은 독한 약들 때문에 외모도 급격히 변했다. 때로 나는 삶의 벼랑에 몰린 느낌에 빠지곤 했다. 나 자신이외는 아무도 기댈 사람이 없었다.

하지만 조금씩 내가 가지고 있다고 의식조차 하지 못했던 힘을 발견했고 새로운 삶을 살아나갈 수 있는 방법을 터득했다.

몇 년이 지난 후에 어머니에게 내가 겪어야 했던 고통을 말씀드렸다. 하지만 그것이 내게 얼마나 중요했는지도 말씀드렸다. 어머니는 그 당시 하루도 빼놓지 않고 전화를 걸어주셨다. 나는 어머니에게 나를 지지해주고 믿어주셔서 감사를 드린다고 말했다. 그리고 어떻게 아직 어리고 병든 나를 계속 공부를 하도록 하겠다는 결심을 하실 수 있었는지 여쭈어보았다.

"위험 부담이 있는 일이었는데 두렵지 않으셨어요?"

"당연히 겁이 났단다. 그러나 더욱 두려웠던 것은 너의 꿈이 좌절되는 거였어. 꿈이 좌절되면 네가 병을 이겨나갈 힘을 완전히 잃을 수 있다고 생각했단다."

어머니는 내게 의사가 될 수 있는지 시험해볼 기회를 주셨다.

"레이첼, 죽어가는 것에는 여러 가지 길이 있단다."

내 눈에 눈물이 가득 고였다. 나는 그때까지도 어머니의 진심을 알지 못했다.

"엄마, 내가 실패하면 어떻게 될까 생각하셨어요?"

"실패한다고 해도 너는 현실적으로 너한테 타당한 것이 무엇인지를 알아냈을 거야. 너는 그것을 받아들이고 다른 길을 찾았을 거야."

삶과 어깨동무를 한다는 것은 때로 아주 복잡한 일이다. 때로 우리는 무조건 다른 사람을 보호하고 도와주려고 할 때가 있다. 하지만 대개 임시적인 방편이 될 뿐이다. 우리가 다른 사람의 삶을 진정으로 축복해주는 방법은 그가 자유롭게 결정할 수 있도록 믿고 기다려주는 것이다. 스스로 어떤 일을 해나가도록 지지해주면서 가만히 어깨동무해주는 것이다. 누군가에게 아직 신뢰가 가지 않더라도 우리는 그를 무조건 신뢰하는 것이 중요하다. 우리의 그 믿음이 그의 삶에 커다란 버팀목이 된다.

50 ＿ 거울

삶을 거의 포기하기로 작정한 제넷은 마지막으로 내게 도움을 청하러 찾아왔다. 도서관 사서인 그녀는 마흔 살의 독신녀로 외모는 아주 수수했다. 상담이 시작되고 20분쯤 지났을 때 그녀는 내게 가족 사진을 보여주었다. 그녀와 달리 언니들과 어머니는 상당한 미모였다.

그녀가 이야기를 하는 동안 나는 여성의 입장에서 그녀를 바라보았다. 그녀가 입은 옷은 어울리지 않았고 화장기 없는 얼굴에 머리는 고무줄로 질끈 묶고 있었다. 그래도 한 가지 눈을 끄는 곳이 있다면 그녀의 맑은 눈이었다. 그녀의 눈에는 눈물이 가득 맺혀 있었다.

외모가 예쁘지 않은 여자에게는 이 세상을 살아가는 일이 더욱 어려운 법이다. 아주 어린 시절부터 그녀는 자신의 외모에 대해 열등감을 느꼈고 사람들 앞에 나서기를 부끄러워했다. 자기를 대하는 다른 사람들의 반응을 보면서 뭔가 잘못되었다는 느낌을 점점 더 지니게 되었다. 학교에서는 아이들이 그녀의 외모를 놀리기 시작했다. 10대가 되자 급우들에게 왕따를 당했다. 가족들은 잘해주었지만 사람들에게 그녀의 외모에 대해 변명 비슷한 말을 하곤 했다. 그녀는 살아오면서 누구하고도 친밀한 관계를 맺을 수가 없었다. 그녀는 늘 혼자 집에 있거나 도서관에서 일을 했고 그것이 더 편했다.

"사서라는 직업은 사람들 눈에 잘 띄지 않거든요."

낮 동안은 일에 매달리고 퇴근 후에는 텔레비전 앞에서 시간을 보냈다. 그녀는 오랫동안 그렇게 살아왔다.

마흔 번째 생일이 가까워지자 그녀의 우울증은 더욱 심해졌다. 그녀는 매주 상담을 하기로 했다. 나는 그녀가 혹시라도 자살을 하지 않을까 매우 불안했다. 그래서 그녀를 있는 그대로 받아들이고 관심을 지니고 있음을 확신시켜주려고 애를 썼다. 하지만 치유를 하는 사람은 환자 자신이다. 의사나 상담가는 다만 조언자일 뿐이다.

그녀는 매주 상담을 하기 위해 대기실에서 기다리는 동안 그곳에서 만나는 사람들에게 조금씩 반응을 보이기 시작했다. 대기실에서 기다리는 사람들은 대개 머리카락이 빠지거나 몸의 일부를 잃거나 중병에 걸린 환자들이었다. 그들 중에는 제넷처럼 젊은 사람들도 있었다. 지금까지 살아오면서 그녀는 단 한 번도 이런 사람들을 만난 적이 없었다. 그녀는 자기 자신이 그들과 함께 있는 것을 편안하게 느낀다는 사실을 알고 조금 놀랐다. 대단히 낯가림이 심한 그녀였지만 시간이 흐르면서 그들과 이야기를 나누기 시작했다. 그들 대부분에게는 누군가 운전을 해주거나 시장을 봐주거나 하는 도움이 필요했다. 제넷은 그들 중에 전혀 도움을 받지 못하는 사람들이 있다는 사실을 알게 되었다.

그녀는 이것에 대해 조심스럽게 나에게 물었다. 그리고 자기가 그들을 도울 수 있는지 알고 싶다고 했다.

그렇게 해서 제넷은 월을 만나게 되었다. 월이 사귀던 동성연애자는 1년 전 에이즈에 감염되었다는 진단을 받았고 월 역시 인체 면역 결핍 바이러스 양성이라는 사실이 밝혀졌다. 월은 그 친구가 죽을 때까지 그를 간호하고 돌보았다. 이제 월은 에이즈로 고통을 겪고 있으며 누군가의 간호와 도움이 필요했다.

처음에 제넷은 월을 병원까지 차로 데려다주는 일을 자원했다. 월의 부모님이 계셨지만 그들은 다른 주에 살고 있어 캘리포니아에서 월은 완전히 혼자였다. 시간이 지나면서 제넷은 월을 위해 시장도 봐주고 집에서 음식을 만들어 월에게 가져다주기도 했다. 그렇게 해서 그들은 친구가 되었다.

월의 병세가 악화되자 그의 부모들이 몇 번 다녀갔다. 나는 그들을 상담을 한 적이 있었다. 그들은 아주 나이가 많은 노인들이었다. 처음에 그들은 아들을 이해하고 받아들이기가 너무나 힘들었기 때문에 아예 그를 보지 않으려고 했다. 하지만 부모 자식의 정조차 뗄 수 없었다. 그들은 윌이 도움을 필요로 하자 윌을 받아들이고 돌보려고 했다. 제넷도 윌의 부모를 만나보았고 그들을 좋아하게 되었다. 그들도 윌처럼 친절한 사람들이었다.

1년이 채 되지 않아 윌은 상태가 더욱 나빠졌다. 그의 부모는 집으로 돌아오라고 했지만 오랫동안 캘리포니아에 살아온 윌은 그곳을 떠나고 싶지 않았다. 그는 호스피스 병동에 입원하여 생의 마지막을 보내고 싶어했는데, 돌보아줄 보호자가 없어 받아들여지지 않았다. 내게 상담하러 온 제넷이 이 일을 의논했다. 우리는 앉은 채 한참 동안 서로를 바라보았다. 몇 마디를 나누다가 다시 침묵이 이어지곤 했다.

드디어 내가 입을 열었다.

"굉장히 무거운 책임을 지는 것이라는 사실을 알지요?"

그녀가 침착하게 대답했다.

"알아요, 선생님. 저는 제 나름대로 어떻게 해야 하는지 알아요. 지금까지 늘 그렇게 혼자 살아왔고요."

"그래요. 잘 생각해서 결정해야 하겠지요. 그는 지금 죽어가고 있어요. 죽어가는 사람을 돌보는 일이 어떤 것인지 아시지요."

그녀의 눈에 눈물이 맺혔다.

"그래요. 그가 죽어가고 있어요. 그러니 더욱 그렇게 해야지요."

며칠 후에 제넷은 짐을 가지고 월의 집으로 들어가서 임종 때까지 그를 돌보았다. 얼마 지나지 않아 월이 죽었다는 소식을 들었다. 제넷에게 전화를 했더니 외출 중이라는 메시지가 녹음되어 있었다. 나는 제넷이 무척 염려되었다. 그녀가 상실의 아픔을 잘 이겨낼 수 있을지 걱정되었다. 하지만 월의 죽음이 제넷에게 새로운 삶의 전환이 되었음을 곧 알게 되었다.

몇 주가 지난 후 상담을 하러 온 제넷은 월의 부모님 댁을 방문했고 월의 장례식에도 갔다고 말했다. 그녀의 외모뿐만 아니라 태도도 이전과는 달라 보였다. 놀랍게도 그녀는 전에 한 번도 바르지 않던 립스틱을 바르고 있었다. 내가 그것에 대해 찬사를 보내자 그녀는 조금 수줍은 얼굴로 시선을 돌렸다.

그녀는 월이 죽기 며칠 전에 일어났던 일을 들려주었다. 그날 아침 월은 상태가 매우 좋지 않았다. 제넷은 도서관에서 일하는 틈틈이 몇 번이나 전화를 해서 상태를 확인했다. 그리고 호스피스와 간호사가 다녀가게 하고 퇴근하자마자 급히 시장에 들렀다가 월에게로 달려갔다.

그녀는 현관 문을 열면서 침대에 누워 있는 월이 들을 수 있도록 큰 소리로 그의 이름을 불렀다. 뜻밖에도 월은 넥타이까지 맨 정장 차림으로 거실에서 그녀를 기다리고 있었다. 몸이 왜소해진 월은 딴 사람의 양복을 빌려 입은 것처럼 보였다. 하지만 머리를 단정하게 빗어 넘기고 면도까지 한 말끔한 모습으로 제넷을 바라보았다. 그녀는 지독하게 아픈 사람이 그렇게 하고 있다는 것이 도저히 믿어지지가 않았다.

그녀는 너무나 놀라 왜 그렇게 하고 있는지를 물었다. 윌은 소파에서 미끄러지듯이 바닥으로 내려와 무릎을 꿇고 그녀에게 청혼을 했다. 그녀는 놀란 나머지 손에 들고 있던 쇼핑 봉투를 떨어뜨렸다. 그리고 그를 일으켜 소파에 앉게 했다. 제넷은 처음으로 윌을 품에 꼭 안았다. 그러고는 그가 그녀에게 얼마나 중요한 사람인지를 말해주었다.

나는 침묵 속에서 가만히 그녀를 바라보았다. 그녀는 얼굴을 붉게 물들이며 나를 바라보았다.

"제 마음 안에서 저는 그와 결혼을 했어요. 그는 항상 제 영혼에 머물 거예요."

VII
신비

51 __ 장작을 패네

티미는 백혈병에 걸려 1년여를 투병하다가 죽었다. 겨우 여섯 살인 티미는 고통이 심해지자 아무 말도 못 하고 부모의 손을 꼭 잡은 채 앓다가 죽었다. 티미의 부모는 그들의 지독한 슬픔을 어떻게도 할 수가 없었다. 걱정이 된 친구가 가까이 있는 정신 건강 센터에 가서 도움을 받으라고 권했다. 그곳에서는 사별 가족을 위한 모임을 운영하고 영성적인 방향으로 이끌어준다. 친구는 미리 전화를 해서 약속 시간을 정해주었다.

티미의 부모는 지푸라기라도 붙잡는 심정으로 그곳으로 갔다. 한 여인이 현관에서 그들을 반갑게 맞이하면서 데이비드와 데보라냐고 물었다. 그들이 고개를 끄덕이자 그녀는 사별 가족 모임의 지도자라고 소개하면서 티미의 죽음에 대해 몹시 마음이 아프다고 하면서 이렇게 말했다.

"당신들이 티미의 죽음을 영성적인 방법에서 볼 수 있다면 상실의 아픔이 오히려 당신들의 삶에서 가장 아름다운 경험이 될 것입니다."

데보라는 솔직하고 거침이 없는 여인이었다. 남편이 어안이 벙벙해서 입을 다물지 못하고 서 있자 그녀는 지도자라는 여인을 똑바로 쳐다보고 말했다.

"당신, 미치지 않았어요?"

그녀는 남편의 손을 잡고 돌아서서 그곳에서 나왔다.

삶을 살아가면서 우리가 큰 상실의 고통을 체험했을 때 그것을 받아들여야 하는 것은 사실이다. 그리고 상실의 고통 안에 큰 의미가 깃들어 있으며 그것이 은총에 의해 놀라운 방향으로 승화될 수 있다는 것 역시 의문의 여지가 없다. 그러나 마치 아스피린이 통증을 완화시키듯이 영적인 성장이 상실의 고통을 없애 줄 수 있다고 생각하는 것은 어리석기 그지없다. 영적으로 깨달음을 얻었다고 하여 우리의 삶 자체가 변화되는 것이 아니다.

유명한 선사가 깨달음을 얻고 썼다는 게송이 있다.

"나는 지금 장작을 패네. 나는 지금 우물에서 물을 긷네."

그는 깨닫기 전에도 장작을 패고 우물에서 물을 길었다. 달라진 것은 아무것도 없다. 상실의 고통도 마찬가지다. 다만 그 의미가 달라지는 것이다. 그 의미를 깨닫게 될 때 고통이 조금 줄어들 수 있다. 그러나 상실 그 자체는 영원히 지속된다.

나는 티미를 위한 장례식을 기억한다. 충격을 받고 슬퍼하는 많은 사람들이 장례식장에 참례했다. 예식을 주도한 사람은 퀘이커교의 목사였다. 티미 부모보다 불과 몇 살 더 많아 보이지 않는 젊은 목사로 그 역시 한 아이의 아버지였다. 그는 상실이 아름다운 체험이라고 절대 말하지 않았다. 대신 그는 장례식장에서 느끼는 고통에 대해 말하고 고통을 달래주기 위해서 각자의 방법으로 서로를 안아주라고 초대했다. 서로를 안아줄 때 우리는 혼자가 아님을 알게 된다는 것이다.

고통을 통해 우리는 아이들을 사랑하는 법을 배울 수 있다. 고통은 우리가 서로 사랑해야 한다는 사실을 상기시켜주기도 한다. 그는 티미는 다른 무엇과도 바꿀 수 없다고 했다. 티미보다 더 소중한 존재는 없을 것이라고 했다. 그는 우리에게 모든 사람들의 삶이 고유하다는 사실을 상기시켜주었다. 그리고 우리가 도저히 헤아릴 수 없는 신비에 대해서도 언급했다. 어째서 그토록 어린아이가 고통을 받고 죽어야 하는가? 그는 티미의 죽음 앞에서 지금 우리 마음 안에 일어나는 물음에 귀를 기울여보라고 했다. 하느님이 존재하시는가? 삶 안에 어떤 목적이 있는가? 사랑은 영원히 지속되는가? 그것이 참으로 우리에게 소중한가?

그는 우리 마음 안에 일어나는 그런 물음들을 꽉 붙잡고 따라가 보라고 격려했다. 떠오르는 물음들의 세계와 진지한 대화를 시작해보라고 했다. 아울러 그런 물음들에 비추어 우리 삶 안에서 일어나는 다른 사건들을 헤아려보라고 했다. 이런 물음들이 우리가 삶을 조금 더 깊이, 그리고 내밀하게 이해하도록 해줄 것이라고 했다. 슬픔을 나누기 위해 거기 모여 있는 사람들을 바라보면서 그의 눈에도 눈물이 맺혔다.

그의 말을 들으며 앉아 있는 동안 내게도 그런 물음들이 어깨를 눌렀다. 그것은 어떤 정답이 있는 과학적인 물음들이 아니었다. 그것들은 외할아버지가 던졌던 물음들이고 그 물음 안에는 새로운 힘을 주는 신비로움이 담겨 있다. 삶 안에는 우리가 감히 헤아릴 수 없는 어떤 목적이 있는 것일까? 장례식에 참여한 사람들은 이런 물음을 생각하며 고요함 속에서 침묵했다. 돌아보면 바로 이런 내 안의 물음들이 나로 하여금 암 환자들을 만나게 하고 계속 삶을 이어가게 하는 힘이었음을 알게 된다.

52 __ 삶의 끝자리

삶의 끝자리에서 바라보는 삶의 모습은 지금까지와는 매우 다르다. 우리 모두가 사물을 바라보는 것보다 오히려 더 분명하게 보인다. 생사의 갈림길에 선 순간 사람들은 절대 변하지 않으리라고 단정했던 것에 의문을 품게 된다. 몇 세대에 걸쳐 그 집안에 이어져오던 가치관이 부적절한 것이었음을 인식하기도 한다. 자신에게 일생 동안 너무나 확고했던 중요한 일들이 실은 하찮은 것이었음을 깨닫기도 한다. 양파 껍질을 벗기듯 삶의 본질에 다다르면 삶은 의외로 아주 단순하다는 사실에 직면하게 된다. 우리가 중요하다고 매달렸던 것들은 지극히 사소해지고 아주 단순한 몇 가지만이 중요해진다. 암 환자들을 대하는 의사로서 나는 그들이 다다른 삶의 끝자리인 바닷가를 함께 걸으면서 지혜라는 조개들을 줍곤 했다.

내 환자 중 한 사람은 5주 동안 무려 세 번이나 대수술을 받았다. 그는 '다시 태어났다'라고 표현했다. 그 말의 의미를 묻자 자기가 지금까지 삶에 대해 알고 있는 것들을 다시 바라보게 되었다고 말했다. 그는 지금까지 옳다고 생각했던 것이 단순한 관념에 불과했음을 깨달았으며, 최근에 일어난 끔찍한 일들을 거부하지 않고 묵묵히 받아들이게 되었다. 지금까지 이룬 모든 것에서 손을 놓을 수 있었고 삶은 그 자체로 거룩하다는 것을 분명하게 느꼈다. 단순함 속에서 그는 자신의 삶을 지탱해온 신념이나 가치 체계보다 훨씬 더 깊은 진리가 있음을 깨닫게 되었으며, 그것이야말로 불 속에서 단련되는 듯한 아픔을 통해서 얻은 것이었다. 그는 극심한 고통을 통해, 우리가 삶을 선택하는 것이 아니라 은총으로 삶이 우리에게 주어졌음을 알았다. 또한 삶은 그 자체로 축복임도 알게 되었다는 것이다.

 죽음의 경계선을 넘어갔다 되돌아온 사람들은 특별한 통찰력을 지니게 된다고 한다. 그런 체험을 통해 그들은 삶 안에는 단 하나의 목적이 있다는 것을 깨닫게 된다. 바로 사랑하는 법을 배우는 것이다. 다양한 삶의 방법이 있지만 모든 삶은 지혜에 이르는 하나의 영적인 여정이다. 그것을 안다면 자기 자신이나 세상을 바라보는 방법이 달라진다.

 16세기 아프가니스탄 동북부에서 카발라를 연구하던 랍비 이삭 루리아는 아름다운 천지 창조설을 주장했다. 일명 빅뱅이라고 불리는 우주 대폭발 생성론이라고도 할 수 있는 신비로운 견해를 피력했다.

태초에 드러남 없이 존재하는 절대적 근원이며 순수한 존재 자체인 엔소프가 있다. 우리가 알고 있는 세계는 존재에서의 빛의 발산인 오르엔소프로 시작되었다. 이 세상에서 일어나는 여러 가지 현상들은 신의 빛인 오르엔소프가 우주로 번져 나갈 때 나오는 거룩한 섬광이다. 루리아는 모든 사람들, 모든 존재 안에는 거룩한 섬광이 감추어져 있다고 말했다.

다른 우주론이 그러하듯이 이 창조 신화도 그 밑바탕에는 섬김의 정신이 깔려 있다. 인간 본래의 목적은 빛의 섬광을 벗겨내고 본질적인 거룩함을 되찾아주는 것이다. 모든 존재는 거룩함을 품은 진주를 숨긴 조개와 같다. 우리는 모든 사람들, 모든 존재 안에 있는 감추어진 거룩함을 찾도록 도와주어야 한다.

사랑과 연민을 지니고 사람들을 섬길 때 세상의 거룩함을 되찾을 수 있다. 우리 모두가 함께해야 한다. 아무리 보잘것없어 보일지라도 우리가 지니는 사랑과 연민이 세상을 본래의 거룩한 모습으로 바꾼다. 이 신화는 세상에 태어난 모든 존재가 이 일을 함께 하도록 불림을 받은 것이라고 한다.

심각한 알코올 중독자인 친구가 있었다. 그녀는 술에 취해 있던 시간들을 이야기하면서 자신이 거기에서 벗어날 수 있었던 순간에 대해 말해주었다. 그녀가 자포자기 상태에서 술독에 빠져 있을 때 불현듯 한 생각이 떠올랐으며, 바로 그것이 삶의 전환점이 되었다고 한다.

그녀는 몇 년 동안 깊은 절망 속에서 살았다. 그러다가 어느 순간 자신이 중독을 극복하고 새로운 삶을 찾으려고 투쟁하는 것이 의미가 있을까 하는 의문을 품었다. 불현듯 떠오른 생각이었다. 만약 자신이 이 어둠의 심연 속에서 어떤 선(善)을 되찾을 수 있는 세상의 유일한 존재라면 어떻게 할 것인가? 어쩌면 그 일은 그녀에게 주어진 과제일지도 모른다는 생각이 들었다. 누군가 절망에 빠져 있는 사람을 위해 그녀가 봉사해야 한다는 생각이 들자 그녀는 신비를 느꼈다. 이런 생각은 그녀를 죄의식과 수치심에서 벗어나게 했고, 술과의 힘겨운 투쟁에 나름대로 의미가 있다는 것을 깨닫게 해주었다. 그녀는 이전에는 전혀 느끼지 못했던 힘을 얻었다. 누구든 자신을 작아지게 만드는 것과 투쟁을 하는 그 자체 안에 의미가 있는 것이 아닌가 하는 의문을 던지면서 그녀는 삶의 경이로움을 맛보았다고 했다.

카발라의 티쿤 올람은 모든 삶 안에는 그 나름대로의 고유한 가치가 있다고 말한다. 외할아버지는 내가 아주 어렸을 때 이것을 설명해주시곤 했다.

"네쉬메레야, 우리는 우리 자신과 사람들의 삶을 축복해야 한다는 것을 늘 기억해야 한단다. 우리가 누군가를 축복할 때 그들 안에 있는 선과 우리 안에 있는 선을 찾는 거란다. 삶을 축복할 때 우리는 궁극적으로 세상을 제자리에 되돌려놓는 것이란다."

사회주의자였던 부모님은 공공선에 가장 큰 가치를 두었다. 그러나 외할아버지는 삶은 그 자체로 거룩한 것이며 우리 또한 거룩한 존재이기 때문에 늘 삶을 축복해야 한다고 가르쳐주셨다.

세상에 있는 문제들은 너무나 크고 엄청나서 도저히 우리 개인으로나 몇 사람의 공동체로는 아무것도 할 수 없는 듯 보인다. 그렇게 생각하면 실망하지 않을 수 없다. 그러나 티쿤 올람은 우리 한 사람 한 사람이 세상을 변화시키고 치유해나갈 수 있다고 말한다.

섬김은 영혼의 일이다. 진정한 섬김이란 우리 안에 있는 본래의 순수한 모습으로 되돌아가는 영혼의 움직임이다. 인생이라는 긴 여정에서 선을 향한 전환은 일회적인 것이 아니라 계속해서 일어나게 된다. 어떤 전환은 아주 작고 어떤 전환은 크다. 이 모두가 매우 중요하다. 탐욕, 무절제한 열망, 무감각, 무의식의 사슬 등 많은 것들이 우리를 진정한 본래의 모습에서 벗어나게 한다. 그럼에도 불구하고 우리가 남을 섬길 수 있다는 것은 우리를 얽어매는 사슬보다 영혼이 더 강하다는 증거다.

남을 섬기는 것은 우리가 지닌 본래의 선을 따라가는 것이며 그것을 더 깊게 하는 것인지도 모른다. 물론 이것이 쉽지만은 않다. 각별히 주의를 기울여야 한다. 무엇이 본래의 우리가 누구인지를 잊게 하고 우리를 작게 만드는지, 우리를 사로잡는 것이 무엇인지 늘 주의 깊게 살펴보아야 한다. 모든 섬김의 행동은 우리를 자유롭게 해준다. 어느 누구든 한 사람이라도 자기 안에 빛을 밝힌다면 결국 그 빛이 모여 이 세상을 환히 밝히게 될 것이다.

53__말 그 너머에

어느 날 오쉬아 신부님이 내게 말했다.
"젊다는 것은 얼마나 어려운 일인지요."
나는 웃으면서 무슨 의미냐고 물었다. 그는 눈을 반짝이며 오래전 병원의 원목 사제가 되었을 때 만난 첫 번째 환자에 대해 들려주었다. 그 당시 무척 젊고 남을 섬기려는 열정에 가득 찼던 그는 다음날 큰 수술을 받게 된 여자 환자를 방문했다. 그녀는 불안한 얼굴로 침대에 누워 있었다. 그가 다가가자 그녀는 침울한 목소리로 말했다.
"신부님, 저는 아마 내일 죽을 것 같다는 생각이 들어요."
그는 사제가 되기 위해 많은 교육을 받았지만 이런 경우에 대한 준비는 전혀 되어 있지 않았다. 그는 어떤 위로의 말도 못한 채 가만히 앉아 있어야 했다. 당황스러움을 감추기 위해서 그는 손을 내밀어 그녀의 손을 잡았다. 그러자 그녀는 조용히 무언가를 말하기 시작했다. 그는 여전히 그녀의 손을 잡은 채 그녀의 말을 제대로 듣지도 못했다. 자신의 기억 속에서 예수나 토머스 머튼 또는 아빌라의 대 데레사가 했던 위로의 말들을 떠올리려고 애썼다. 그 방에 들어올 때 꼭 해줄 말들을 외워두었지만 어떻게 된 일인지 하나도 떠오르지 않았다.

그녀는 계속 말을 하면서 작게 흐느꼈다. 그녀의 두려움이 느껴졌고 그의 마음은 그녀에 대한 연민으로 가득 찼다. 이야기를 마친 그녀는 가만히 눈을 감았다. 그는 이때가 하느님께 도움을 청할 마지막 기회라고 생각하고 그가 할 말을 하게끔 도와달라고 청했다. 그러나 그는 아무런 말도 할 수 없었다. 마침내 그녀는 깊은 잠 속으로 빠져들었고 그는 아무 위로의 말도 해주지 못했다는 무력감을 지닌 채 돌아왔다. 그리고 사제로 불림을 받은 성소에 대해 생각하자 자신이 자격이 없다는 번민에 그날 밤잠을 이룰 수가 없었다. 수치스러운 나머지 다시는 그녀를 방문할 수도 없었다.

그런데 몇 주 후에 그녀에게서 편지가 왔다. 그의 방문이 얼마나 큰 위로가 되었는지 모른다고 편지에는 씌어 있었다. 특히 그가 들려준 위로와 지혜의 말들에 감사하며 그 말들을 결코 잊지 않을 것이라고 했다. 편지에는 그가 그녀에게 들려주었던 말들이 길게 적혀 있었다.

오쉬아 신부님은 크게 웃기 시작했고 나도 따라 웃었다. 얼마나 웃었는지 눈물이 날 정도였다.

"아주 오래전의 일입니다. 이제는 그런 젊음으로 돌아갈 수 없지요. 얼마나 다행입니까?"

그는 눈물을 훔쳐내며 다시 말했다.

"저는 지난 몇십 년 동안의 경험을 통해 알게 되었습니다. 제가 누군가를 섬기기 위해 기도할 때 하느님이 그래 하고 응답해 주시기도 하고 아니야라고 하실 때도 있지요. 그렇지만 자주 이렇게 말씀하십니다. 패트릭, 자네는 물러나 있게나. 내가 손수 하겠네라고 말입니다."

54 __ 마지막 환자

내가 델리어를 만난 곳은 응급실이었다. 델리어는 경찰에 의해 체포된 상태였다. 그 두 시간 전 델리어는 태어난 지 겨우 3주 된 아들 티제이를 데리고 병원으로 달려왔다. 아기의 고열 때문이었다. 당직이었던 레지던트는 아기가 너무 작고 피부에 푸른 멍이 든 것을 보고 놀랐다. 델리어는 아주 어린 미혼모였다. 레지던트는 엄마를 보고 지레 짐작으로 유아 학대라고 진단을 내려 경찰을 불러 델리어를 체포하고 조사를 받게 했다.

그 당시 나는 응급실의 소아과에 관한 책임을 지고 있었기 때문에 갑자기 불려갔다. 내가 응급실에 갔을 때 티제이는 당국의 보호 아래 입원 수속을 마친 상태였다. 나는 델리어를 담당한 경찰을 만났다. 아기 엄마를 데려가기 전 내가 직접 아기를 진찰하고 엄마를 만나겠다고 했다. 그들은 내키지 않아 하면서도 동의했다.

델리어가 임신했을 때는 불과 열다섯 살이었다. 그 때문에 그녀는 다니던 고등 학교를 중퇴했다. 그녀는 절망적인 눈빛으로 나를 바라보았다. 그녀의 팔은 품에 안은 아기를 부둥켜안고 있었다. 나는 델리어에게 아기의 옷을 벗겨줄 수 있는지 물었다. 그리고 그녀가 아기를 돌보는 모습을 바라보았다. 그녀의 양손은 문신으로 덮여 있었다. 아름다운 문신이었다. 그녀는 아기를 발가벗겨 진찰대 위에 눕히고 얇은 모직 담요로 덮어주었다. 티제이는 정말 작고 연약했다. 아기의 증세는 탈수증 같았다. 나는 엄마에게 아기를 어떻게 돌보는지 물었다. 머뭇거리면서 델리어는 아기가 얼마나 게걸스럽게 먹고 또 토해내는지 이야기했다. 또 아기가 얼마나 오래 울고 보채는지 너무 힘들다고도 했다.

나는 벽에 기대 팔짱을 끼고 아기를 바라보는 레지던트에게 물었다.

"비후성 유문 협착증이라고 생각해보지 않았어요?"

그는 그런 생각은 하지 못했다고 했다. 나는 손가락으로 아기의 작은 배를 만져보았다. 갈비뼈 바로 아래의 유문 근처에 올리브만 한 덩어리가 잡혔다. 분명한 비후성 유문 협착증의 징후였다.

"도대체 이 아기가 유아 학대를 당했다고 생각한 근거가 뭐죠?"

그는 심드렁한 표정으로 대답했다.

"태어난 지 3주나 되었는데도 막 태어난 아기의 몸무게밖에

나가지 않잖아요."

그는 침대 쪽으로 와 아기를 안아 어깨와 등을 보여주었다. 아기의 몸에는 푸른빛이 도는 얼룩이 있었다. 그것은 7, 80퍼센트의 흑인 아기들에게서 보이는, 태어날 때부터 지닌 반점이었다.

엑스레이를 찍어 비후성 유문 협착증임을 확인했다. 경찰이 가고 티제이는 입원 수속을 하고 수술 일정을 잡았다. 그 후 나는 델리어에게 그 일에 대해 사과를 했다.

"괜찮아요. 선생님, 괜찮아요. 그들은 들으려고 하지 않았어요. 제가 아기를 때린 적이 없다고 했지만 제 말을 들으려고 하지 않았어요."

나는 델리어의 말에 매우 마음이 아팠다. 그 후 1년 반 동안 나는 아기 티제이와 엄마 델리어를 만났다. 티제이는 내가 1976년 소아과를 그만둘 때 내 마지막 환자가 되었다. 티제이를 보기 몇 시간 전 나는 책상을 정리하면서 스스로에게 물음을 던졌다. 과연 내가 소아과 의사로서의 경력을 버리고 새로운 시작을 하는 것이 옳은 일인가 하는. 몇 년 동안 나는 소아과 의사로서 몇천 명의 아이들을 돌보았다. 내가 다시 아이들을 돌보게 될지 확신할 수가 없었다.

간호사가 티제이와 델리어가 와서 기다린다고 알려주었다. 나는 무거운 마음으로 그들을 보러 갔다. 티제이는 아주 귀엽고 사랑스러운 아기가 되었다. 나를 보더니 소리를 지르며 안아달라고 두 손을 위로 뻗었다. 그 아이를 진찰하면서 나는 다시 의문이 꼬리를 쳐드는 것을 느꼈다. 나는 내 환자인 아이들을 사랑했다. 어떻게 내가 소아과를 그만둘 수가 있는가? 생의 절반 넘게 나는 이 일을 위해 교육을 받았다. 지금은 다음에 어떤 일이 일어날지 내가 어디로 가게 될지 조차 알 수 없었다.

그날이 소아과 의사로서의 마지막 날임을 아는 델리어는 내게 어떤 생각을 하고 있느냐고 물었다. 지난 몇 달 동안 우리는 그 일에 대해 몇 번 이야기를 나누었다. 그녀는 언제나 내 말에 귀를 기울여주었다. 의료계에도 변화가 필요하고, 몸뿐만 아니라 영혼을 돌보는 일이 매우 중요하며, 그래서 새로운 시도를 추구하려는 내 생각이 옳다고 지지해주었다. 나는 내 선택이 옳다고 확신했지만 막상 그 순간이 오자 두려웠다.

"티제이가 나의 마지막 소아과 환자가 될 거예요."

더는 아이들을 돌보지 못할 것이라고 생각하자 왈칵 눈물이 쏟아졌다. 델리어가 살며시 다가와 자기의 손을 내 손에 포개었다. 그녀는 우리가 처음 만났던 끔찍한 밤을 상기시켜주었다. 아무도 자기의 말을 들으려고 하지도 않았고 전혀 믿으려고 하지도 않았다.

"이 병원이 병들었어요. 그들은 보지도 못하고 들을 수도 없어요. 마음과 영혼이 없어요. 항상 그런 식이에요. 선생님은 이

제 아이들을 돌보지 않겠지만 여전히 의사잖아요. 선생님은 이제부터 더 아픈 환자들을 돌보게 될 거예요."

그녀는 잠시 고개를 돌리고 먼 곳을 바라보았다.

"제가 선생님을 위해서 기도하겠어요. 선생님은 그분을 위해 일하시지요. 그분이 선생님을 돌보아드릴 거예요. 걱정하지 말아요. 그분이 선생님이 가셔야 할 곳으로 데려가실 거예요."

그렇게 말하며 그녀는 자기 목에서 금 십자 목걸이를 벗겨 내 목에 걸어주었다.

55 ＿ 신비

처음 신비라는 말을 들었을 때는 그 뜻을 잘 이해하지 못했다. 미스터리 소설을 탐독하던 나는 해결책이 발견되지 못한 어떤 것이 신비라는 생각을 지니고 있었다. 그러나 소설에서 말하는 미스터리는 신비와는 다르다. 신비는 그 본래의 특성으로 해결되거나 알려지는 것이 아니다. 단지 삶을 통해 드러나게 된다.

우리는 어릴 때부터 신비에 대한 감각을 키울 수 있도록 교육받지 않았다. 우리가 알아내지 못한 것은 능력 부족이나 개인적인 실패로 간주하기도 한다. 이런 견해에 따르면 미지의 것은 도전을 해서 어떤 조처를 취해야 하는 문제다.

그러나 신비는 조처가 필요한 어떤 것이 아니다. 다만 주의를 기울일 필요가 있다. 신비를 알기 위해서는 마음의 문을 열고 귀를 기울여 들어야 한다. 우리가 그것을 경이로운 마음으로 대한다면 우리의 삶을 변화시킬 수 있는 지혜와 만나게 될 것이다.

신비에는 놀라운 힘이 있다. 지난 몇 년 동안 암 환자들과 만나면서 나는 신비가 사람들을 위로하는 것을 목격했다. 어떤 것도 위로하지 못하고 희망을 주지 못할 때 신비가 그들을 위로하고 희망을 주었다. 다른 어떤 것도 치유할 수 없는 두려움을 신비가 치유하는 것을 보았다. 몇 년 동안 나는 사람들이 어떤 신비를 대하면서 경외심과 기쁨을 되찾는 모습을 바라보았다. 그들은 삶이 거룩하다는 사실을 알게 되었고 내게도 그것을 상기시켜주었다. 신비라는 감각을 잃어버리면서 우리는 신경쇠약 증세를 보이는 나라의 백성이 되었다. 경이를 지니는 사람들은 절대 신경쇠약에 걸리지 않는다.

모든 일과 모든 사람들에게는 알려지지 않은 차원이 있다. 신비가 우리와 다른 사람들을 더 큰 시야에서 보도록 이끌어 주고 인생이라는 여정에서 우리에게 주어진 유일한 길을 따라 걷게 한다. 인생은 미완성이다. 어떤 것도 완성된 것은 없다. 그러나 미완성 안에서 모든 것은 생생하게 살아 있다.

신비에 대한 감각을 지니게 되면 우리는 실망이나 판단을 하지 않고 그 너머에 있는 미지의 곳을 향해 나아갈 수 있다. 신비를 지닌다는 것은 모든 것에 귀를 기울이고 존경심을 지니면서 마음을 여는 자세다. 누구든 그가 알지 못하는 차원을 받아들일 수 있다면 가능성은 언제나 열려 있다. 언제든지 지혜에 다다를 수 있다. 장터에서도 신비는 사람들에게 말을 건네고 그들의 병을 치유할 수 있다. 어쩌면 신비가 우리에게 말을 건네고 우리를 치유할지도 모른다. 이것을 안다면 우리는 그 자체로 신비인, 우리가 머무는 장소에서 삶의 소리에 귀 기울일 것이다. 신비에 다다르기 위해서 우리는 더 이상 해답을 찾으려고 애쓰거나 이해하려고 열망하지 않아야 한다. 그냥 신비를 바라보기 위해 마음의 창을 열면 된다. 삶을 관조하는 사람이 이해하려고 애쓰는 사람보다 더 많은 것을 알게 된다.

진정한 지혜는 해답을 구하는 데 있지 않다. 우리가 찾는 해답은 항구한 진리가 아닐 수도 있다. 오랜 경험을 통해 나는 잘 사는 비법은 해답을 구하는 것이 아니라 여러 사람들과 삶에서 일어나는 물음들을 나누는 데 있음을 알게 되었다.

56 _ 어디에서 위로를 받는가

메리의 아들은 일주일의 봄 방학을 맞아 집으로 돌아왔다. 평소의 활력은 전혀 없었고 아주 지친 모습이었다. 메리는 걱정이 되어 아들을 데리고 병원으로 갔다. 의사는 매우 희귀한 암이라는 진단을 내리고 거의 치료가 불가능하다고 했다.

메리는 의사의 진단을 들은 후 병원에서 곧장 집으로 왔다. 아들은 학교로 돌아가고 없었다. 그녀는 현관에 들어서자마자 목이 터져라 소리를 질렀다. 분노를 주체하지 못하고 이 방 저 방을 다니면서 허공에 주먹질을 하며 계속 소리를 질렀다. 마치 짐승의 포효 같았다. 메리의 집은 전통을 중시하는 아일랜드 천주교 신자들이 많이 모여 사는 동네에 있었다. 항상 이웃 사람들을 생각하는 남편은 그녀의 뒤를 쫓아다니면서 소리 지르는 것을 말리려고 애쓰며 열어젖힌 창문을 닫으려고 했다. 놀란 남편은 부부가 함께 가는 심리 상담가에게 전화를 걸었다. 심리 상담가는 즉시 전화를 걸어주겠다고 했다. 전화가 왔을 때 남편은 침실에서 창문을 열고 소리를 지르고 있는 메리를 불렀다.

"메리, 메리, 심리 상담가에게 전화가 왔어."

그 말을 듣자 메리는 남편을 윽박지르며 소리쳤다.

"상담가라고요? 심리 상담가에게 전화가 왔다고요? 해리, 당신이나 상담가와 이야기를 하세요. 나는 하느님과 이야기를 하겠어요."

그 후 14개월에 걸쳐 이 상황을 극복하기 위해 그녀는 놀라운 열정과 의지와 활력을 보이며 동분서주했다. 그녀는 4명의 딸들과 함께 아들에게 도움을 줄 수 있는 어느 누구에게든지 데리고 갔다. 용하다는 의사는 다 찾아다니고 할 수 있는 방법은 다 동원했지만 아들은 결국 메리의 품안에서 임종을 맞았다. 불과 스무 살의 청년이었다. 메리는 엄마로서 모든 사랑을 다 쏟아 부었지만 아들을 살릴 수는 없었다. 그녀는 자기의 삶도 아들과 함께 끝난 것처럼 느껴졌다. 몇 달 동안 그녀는 마치 석고와 같았다. 누구도 그녀를 위로해줄 수 없었다.

아들이 죽은 지 2년이 지난 후 그녀는 남동생과 함께 성당에 가게 되었다. 전에 한 번도 가본 적이 없는 곳이었다. 그녀는 어떤 기도도 할 수가 없어서 성당 안을 왔다 갔다 하다가 성모상 앞에 섰다. 지난 2년 동안 그녀의 마음 안에 얼어붙어 있던 고통이 밀려왔다. 그녀는 소리를 질렀다.

"성모 마리아님, 당신은 어떻게 그것을 감당하실 수가 있었습니까?"

그녀는 점점 더 큰 소리로 외쳤다.

"당신은 도대체 어떻게 아들을 내맡길 수 있었습니까? 아들이 죽은 후에도 어떻게 살아갈 수 있었습니까? 어디에서 위로를 받을 수 있었습니까?"

그녀는 눈물을 흘리며 자기는 착한 사람이었고 좋은 엄마였으며 늘 잘하려 했다고 성모께 말했다. 그녀는 최선을 다했으며 할 수 있는 모든 것을 다 했다고 말했다. 그녀는 성모 마리아께 마구 대들었다.

"왜? 도대체 왜 그렇습니까? 왜 어떤 사람은 건강하고 충만한 삶을 누리고 왜 어떤 사람은 고통을 받고 죽어야 합니까?"

그녀는 절대 아들을 잃은 고통을 극복하지 못할 것임을 알고 있었다. 그녀는 눈물로 범벅이 되어 계속 성모에게 말했다. 자기의 아들이 얼마나 어린지를, 그리고 그가 아직 제대로 밥을 할 수도 빨래를 할 수도 없는 철부지라고 이야기했다.

"성모님, 그에게는 아직 엄마가 필요합니다. 저는 정말 이해할 수가 없어요. 하지만 이제는 당신의 손에 맡기겠어요."

그녀는 마지막으로 그렇게 말하고 집으로 돌아왔다. 그 다음 날 출근하기 위해 운전을 하면서 그녀는 자기도 모르게 오래전에 알던 성가를 허밍으로 부르게 됐다. 그 노래는 마음을 위로해 주는 내용의 성가였다. 그녀는 비로소 안도의 숨을 내쉴 수 있는 여유를 지니게 되었다.

　나는 그 이야기가 얼마나 큰 감동으로 다가오는지 가슴이 벅차올랐다. 그녀의 아들에 대한 깊은 사랑과 상실의 고통에 대해 아무 말도 할 수 없었다. 다만 머리를 숙여 경의를 표했다. 메리는 나를 바라보고 미소를 지었다.

　"레이첼 선생님, 신비이지요? 위로받을 수 있다는 것이 참으로 신비예요."

　최근 메리가 편지를 보냈다. 두 딸이 임신을 했다는 내용이 있었다. 봄이 오면 두 딸 중 하나는 그녀에게 첫 손자를 안겨줄 것이라고 한다.

57_하느님의 현존

나는 외할아버지와 유대교의 가르침과 전통에 대해 많은 이야기를 나눴다. 내 기억 속에서 단 한 번 받아들일 수 없었던 것이 있었다. 민얀에 관한 것이었다. 민얀은 유대인들의 영성 생활에 중심을 이루는 것 중 하나다. 누구라도 아무 때나 기도를 드릴 수 있지만 공적인 예배로서 기도를 드릴 때는 반드시 남자가 10명 이상 있어야 했다. 열 명 남자들 모임을 민얀이라고 한다.

나는 당황스러워서 외할아버지께 여쭈었다.

"왜요, 할아버지?"

외할아버지는 내게 율법에 대해 차분히 설명해주셨다. 성인 남자 10명이 모여 하느님의 이름으로 기도드릴 때 하느님이 그들과 함께 그 방에 계신다는 것이다. 외할아버지는 그것을 신학적인 용어로 '내재하는'이라고 하셨다. 10명이 모이면 어느 방이라도 거기 하느님이 내재하시기 때문에 종교의 성사가 이루어질 수 있는 거룩한 장소가 된다는 것이다. 반만년 역사 동안 박해와 유배를 거듭하며 유대인들은 어떤 것도 당연한 것으로 받아들일 수 없었다. 성지마저도 옮겨 다닐 수 있는 곳이어야 했다.

나는 이 이야기에 감동을 받았다. 외할아버지는 이 율법이 너무나 중요하기 때문에 가끔 사람들은 갑자기 일을 하다가도 회당에 불리어 가기도 한다고 했다. 죽은 사람들을 위한 기도를 드리거나 아기를 생명의 책에 올리거나 삶이 거룩하고 온전히 하느님께 달려 있음을 알려주는 많은 전례를 행할 때 10명을 채우기 위해서였다. 외할아버지가 러시아에 있을 때 몇 번이나 10명을 채우기 위해서 거리를 지나가는 전혀 알지 못하는 유대인을 불러 오기도 했다고 한다. 외할아버지에 의하면 아무도 그런 초대를 거절하지 않았다. 유대인들에게 그것이 일종의 의무였다.

그러나 나는 여전히 의문이 남아 질문을 드렸다.

"왜 꼭 남자여야 해요, 할아버지?"

외할아버지는 한참을 머뭇거리시다가 대답하셨다.

"그냥 율법에 10명의 남자라고 씌어 있단다."

나는 더 설명을 해주시리라고 기대했지만 아무 말씀도 듣지 못했다. 그래서 다시 여쭈어보았다.

"여자들 10명이 모여 있을 때는 하느님이 안 계신 거예요?"

지금 돌아보면 외할아버지께 무척 난감한 순간이었을 것이다.

"율법은 이것에 대해 아무 말도 없단다. 네쉬메레야, 처음부터 항상 10명의 남자였어."

"할아버지, 옛날부터 그랬으면 다 맞는 거예요?"

"분명히 그렇지는 않단다."

나는 고집스럽게 말했다.

"그럼 여자 10명이 모여도 하느님이 계신다고 생각할래요."

외할아버지는 고개를 끄떡이시며 말씀하셨다.

"그것이 율법에 씌어 있는 것은 아니란다."

우리는 전에 한 번도 의견의 일치를 이루지 않은 적이 없었기 때문에 마음이 편하지 않았다. 그러나 외할아버지는 우리의 서로 다른 견해에 대해 편안하게 느끼시는 것처럼 보였다. 다시는 이 문제에 대해 이야기하지 않았기 때문에 나는 외할아버지가 이 일을 잊어버리셨다고 생각했다.

얼마 후 외할아버지께서 많이 편찮으셨다. 돌아가시기 얼마 전 나는 외할아버지를 잠시 뵐 수 있도록 허락을 받았다. 외할아버지가 너무 지치지 않게 하기 위해 잠깐만 만나야 했다. 나는 일곱 살 생일을 앞두고 있었고 내가 읽기를 잘한다는 사실에 큰 자부심을 갖고 있었다. 나는 외할아버지의 책에서 하나를 택해 읽어드리고 싶었다. 그러나 그분 곁에 갔을 때 그냥 조용히 곁에 있는 것이 더 낫다는 생각이 들었다. 나는 가만히 외할아버지의 손을 잡아드렸다. 외할아버지는 잠깐 잠에서 깨어 눈을 뜨시더니 사랑스러운 눈빛으로 나를 바라보셨다.

"너는 너 혼자로도 10명을 다 채우는 민얀이다, 네쉬메레야."

58 __ 진짜 이야기

어린 시절에 우리 집안에서는 나의 부모님들이 종교 전례에 참석하지 않는 것을 집안의 수치라고 여겼다. 어느 해 우리 가족은 친척 중 한 사람의 집에서 열린 유대인들의 이집트 탈출을 기념하는 파스카 축제인 세이더에 초대되었다.

세이더는 파스카를 기념하기 위해 정성을 다해 준비한 전례적인 정찬이다. 내가 처음으로 참석한 세이더는 그리 유쾌한 경험은 아니었다. 파스카의 기도와 독서는 모두 내가 이해하지 못하는 히브리어로 낭독되었다. 예식은 몇 시간이나 계속되었고 마지막 아멘이 끝나기까지는 아무도 음식을 먹을 수가 없었다. 나는 이 예식이 모두 끝날 때까지 아무 설명도 듣지 못하고 마냥 앉아 있어야 했다. 닭고기 스프가 나왔을 때는 이미 밤 9시가 다 되었다. 나는 울음을 터뜨리며 외할아버지에게 말씀드렸다.

"다시는 세이더에 오지 않을래요. 파스카가 싫어요. 알아듣지 못하는 이상한 이야기도 듣고 싶지 않아요."

외할아버지는 한숨을 쉬시며 파스카 이야기를 당신 나름대로 쉽게 만들어서 들려주셨다.

몇천 년 전에 이스라엘 백성은 이집트에서 종살이를 했다. 어느 곳에서나 종살이가 그렇듯 그들은 극심한 고통을 겪으면서 늘 자유를 꿈꾸었다. 그들의 지도자인 모세가 하느님께 그들이 겪고 있는 고통에 대해 말씀을 드렸다. 하느님은 그에게 파라오에게 가라고 격려해주셨다. 이집트의 왕인 파라오에게 가서 이스라엘 사람들을 가게 해달라고 말하라고 했다. 파라오는 모세의 청을 일언지하에 거절했다.

실망한 모세는 다시 하느님께 가서 도움을 청했다. 파라오의 완고한 마음을 아신 하느님은 이집트 땅에 재난을 일으켜 백성들이 고통을 당하게 하셨다. 외할아버지가 말씀하셨다.

"고통은 사람들의 마음을 부드럽게 하는 힘을 지녔단다."

그러나 파라오는 여전히 이스라엘 백성을 자유롭게 가도록 놓아줄 마음이 없었다. 하느님은 다른 재난을 일으키셨다. 계속해서 또 다른 저주를 내리셨다. 그래도 파라오의 마음은 점점 더 완고해져서 이스라엘 사람들과 이집트인들이 겪는 고통을 외면했다. 마침내 하느님께서는 죽음의 천사를 보내 이집트인들의 가족 중 첫아들을 모두 죽게 했다. 이번에야말로 파라오는 도저히 감당할 수 없어 모세에게 이스라엘 백성들이 자유롭게 떠나도 좋다고 했다.

"할아버지, 그것으로 이야기가 끝인가요?"
"아니란다. 사실은 그것이 이야기의 시작이란다."
세이더가 아주 오래된 것이라면 이야기는 이것보다는 길어야 한다고 나는 생각했다.
"그래서 그 다음은 어떻게 되었어요?"
외할아버지는 빙그레 웃으시더니 말씀하셨다.
"모세가 백성들에게 그들 모두가 자유를 얻게 되었다는 소식을 들려주었지."
"그래서 그들이 행복해했어요?"
"아니란다. 네쉬메레야, 그들은 행복해하지 않았어. 그들은 모세에게 떠나기를 원하지 않는다고 말했단다. 어디로 가는가? 누가 우리를 먹여줄 것인가? 잠은 어디에서 자는가? 하고 물었단다. 모세는 크게 놀랐지. 그는 이런 물음들에 대한 답을 해줄 수가 없었고 자기가 어떻게 해야 할지 몰랐단다. 이제 자유를 얻게 되었는데 백성들이 떠나기를 원하지 않는다는 것을 하느님께는 어떻게 말씀드려야 할지 막막했지."
나는 놀라서 물었다.
"할아버지, 모두 고통을 겪고 있었잖아요? 그런데 왜 떠나기를 싫어했어요?"

외할아버지는 슬픈 표정을 지으셨다.

"그들은 어떻게 고통을 겪는지에 대해서는 알고 있었단다. 그들은 오랫동안 고통을 겪어왔거든. 거기에 익숙해져서 어떻게 자유를 누려야 하는지는 전혀 알지 못했던 거야."

나는 외할아버지의 말에 점점 귀를 기울였다.

"모세가 하느님께 돌아가서 어떤 일이 일어났는지 말씀드리자 하느님은 전혀 놀라지 않으셨단다. 그분은 모세에게 말씀하셨지. 가서 백성들에게 말하여라. 내가 직접 백성들을 이집트 땅에서 약속한 땅으로 인도하리라고."

외할아버지께서는 천천히 말씀하셨다.

"이것은 아주 드문 일이란다. 하느님은 보통은 늘 다른 천사들을 보내시지. 당신의 뜻을 전하시기 위해서 세라핌이나 가브리엘이나 라파엘 같은 대천사를 보내시지. 그러나 이번에는 하느님이 직접 하시겠다고 하신 거야. 모세는 이 이야기를 백성들에게 알렸단다. 백성들은 떠나기 싫어하면서도 할 수 없이 떠나 사막으로 나갔단다. 거기에는 음식도 물도 없었지. 거기서 40년을 살았단다."

나는 매우 놀랐다.

"그러나 약속의 땅으로 데려가신다고 했잖아요? 거짓말이었어요, 할아버지?"

"아니지. 사실이었지. 하지만 백성들이 선택해야 했던 것은 노예냐, 자유냐 사이의 선택이 아니란다. 우리는 항상 노예 생활이냐, 알 수 없는 미지의 삶이냐를 놓고 선택을 하게 되는 것이란다."

"하지만 먹을 것과 물도 없이 어떻게 살아요?"

외할아버지께서는 부드럽게 말씀하셨다.

"네쉬메레야, 그들에게는 하느님이 계시단다. 매일 아침 하느님께서는 만나를 내려주셨지. 그들은 하늘에서 내려온 만나를 먹었지. 만나는 정오가 되면 증기가 되어 사라졌어. 매일 밤 그들은 하느님의 현존 아래에서 거처를 마련했단다. 매일 그들은 걱정하고 의심을 지니게 되었지만 하느님은 매일 매일 거기 함께 계셨다. 많은 의심을 지닌 가운데 40년이 지나서야 비로소 그들은 하느님이 신뢰할 만한 분이라는 것을 배우게 되었지. 그때서야 그들은 약속된 땅에 들어갈 수가 있었단다."

나는 잠시 동안 이 이야기를 생각하며 앉아 있었다. 내 머릿속에는 많은 장면들이 나타났다. 긴 사람들의 행렬이 눈앞에 떠올랐다. 몇 세대에 걸쳐 살던 땅을 떠나 황량한 사막으로 향하는 사람들은 개와 고양이를 데리고 많은 짐을 들고 있었다. 두려움에 우는 어린아이들도 있었다. 불평을 하거나 걱정하는 사람들의 행렬 맨 앞에 불 기둥의 모습으로 걸어가시는 하느님의 모습이 보였다.

"왜 하느님이 손수 함께 가셨어요, 할아버지?"

"아, 그것은 말이다, 네쉬메레야. 많은 사람들이 던진 물음이지. 많은 다른 견해들이 있단다. 그런데 내 생각은 이렇단다. 자유를 향한 투쟁은 너무나 중요하기 때문에 하느님께서는 다른 사람에게 맡길 수가 없었단다. 오직 자유를 지닌 사람만이 참으로 하느님을 섬기고 세상을 원래의 모습으로 회복시킬 수 있기 때문이기도 하지. 어떤 것에도 매여 있지 않은 자유로운 사람들만이 그들 안에 있는 선을 따라 살아갈 수 있단다."

다시 세이더에 참석하게 된 것이 벌써 25년 전이다. 이번에는 예식이 모두 영어로 진행되었다. 참석했던 모든 사람들이 세이더 예식에서 한 부분씩을 읽도록 내정되었다. 내가 읽는 부분은 하느님이 내리신 명령이었는데 뜻이 좀 애매모호했다. 부모는 아이들에게 파스카 이야기를 들려주고 어떻게 그것이 이루어졌는지를 자세하게 알려주어야 한다고 씌어 있었다.

"그리고 너희는 그날 너희의 아이들에게 들려주어야 한다. 이것이 내가 이집트에서 나올 때 주님이 내게 해주신 것에 대한 이야기이다라고."

이 구절이 예식 중 두세 번 반복되었다. 큰 소리로 이 부분을 읽으면서 이것이 무슨 뜻일까 의문이 들었다. 왜 하느님께서는 몇천 년 전에 일어난 일을 이런 방법으로 현재에 개인적인 의미로 만드실까 하는 것이었다. 세 번째 반복해 이 구절을 읽는 순간 갑자기 나는 이 안에 진리가 담겨 있음을 깨달았다. 외할아버지가 내게 들려준 이야기는 지난 몇천 년 전에 일어난 일이 아니었다. 지금 일어나고 있는 사건이었다. 내가 만나는 환자들의 이야기이고 내가 알고 있는 모든 사람들의 이야기이며 바로 나 자신의 이야기였다.

우리가 선을 따르지 못하게 가로막는 것은 우리 내면에서 일어나는 내적인 속박이다. 우리는 자신에 대한 존중이 없는 상태, 또는 탐욕이나 무지 등의 무가치한 관념들의 덫에 사로잡힐 수가 있다. 그렇게 될 때 우리는 희생이나 권리 주장 등의 이름으로 노예가 된다. 이 이야기는 변화에 대한 두려움에 관한 이야기다. 어떤 것을 우리의 손에서 놓는 순간 우리는 미지의 것과 마주쳐야 한다. 그렇기 때문에 우리를 초라하게 만들고 아픔을 주는 장소나 태도를 버리지 못하고 거기에 매달리는 것이다. 나는 다시 한번 외할아버지가 들려주셨던 말을 떠올렸다.

"이 선택은 노예냐, 자유냐 사이의 선택이 아니었어. 우리는 항상 노예 생활이냐, 미지의 삶이냐를 놓고 선택을 하게 된단다."

자유란 몇천 년 전에 그랬던 것처럼 오늘날도 여전히 두려운 일이다. 옳은 것을 위해서 가장 익숙한 것을 희생할 각오를 해야 한다. 자유롭게 되기 위해서는 오랫동안 내면으로부터 신뢰를 갖고 행동해야 한다. 하루 아침에 약속된 땅에 다다를 수 있는 사람은 없다. 그러나 이 이야기에서 가장 중요한 것은 하느님이 이 일을 다른 이에게 맡겨두지 않으셨다는 사실이다. 누구라도 자유를 향해 나가려고 할 때 거기에 하느님이 손수 함께 계신다.

성서에 사람이 빵으로만 살지 않고 하느님의 말씀으로 산다는 말이 있다. 이스라엘 사람들은 오랜 세대에 걸쳐 세이더의 예식 안에서 먼저 이 이야기를 통해 영혼의 목을 축였다. 그 다음에 닭고기 수프를 먹었다.

우리 가운데 진정으로 자유로운 사람은 거의 없다. 돈, 명예, 권력, 성, 칭찬, 젊음 등등. 무엇이든 우리가 거기 애착을 둔다면 그것이 우리를 노예로 만든다. 우리도 의식하지 못하면서 그들을 주인으로 섬긴다. 우리를 노예로 만드는 많은 것들이 우리가 진정 삶을 풍요롭게 누리고 깊이 있게 바라보지 못하게 한다. 그렇게 되면 불필요한 고통을 겪게 마련이다. 약속된 땅은 많은 사람들에게 서로 다른 것일 수 있다. 어떤 사람에게는 건강일 수도 있고, 어떤 사람에게는 굶주림이나 두려움에서 빠져나와 누리는 자유일 수도 있고 어떤 사람에게는 차별이나 불의로부터의 해방일 수도 있다. 그러나 깊은 차원에서는 우리 모두에게 같은 것이리라. 바로 내면 안에 있는 선을 따라 살고 서로를 섬기고 사랑을 나누며 사는 능력이다.

옮긴이 **류해욱**
예수회신부로 서강대학교 교목실장, 예수회 피정 집 '말씀의 집' 원장,
가톨릭대학교 성빈센트병원 원목 사제 등을 역임했다.
현재 홍천에서 '영혼의 쉼터'를 마련하려는 준비를 하고 있다.
저서로 시집《그대 안에 사랑이 머물고》,
사진 묵상집《자연 : 산, 들, 호수, 그리고 하늘》,
기도서《성서를 통한 십자가의 길》,《성모님께서 걸으신 십자가의 길》 등이 있고,
역서로 시집《햇살처럼 비껴오시는 당신》,
영성서《오늘날의 이냐시오의 영성》을 비롯《동행》,
《그대 만난 뒤 삶에 눈떴네》,《할아버지의 축복》 등이 있다.

할아버지의 기도

1판 1쇄 발행 2005년 12월 10일
1판 30쇄 발행 2023년 3월 1일

지은이 레이첼 나오미 레멘 │ 옮긴이 류해욱
펴낸곳 (주)문예출판사 │ 펴낸이 전준배
출판등록 2004. 02. 12. 제 2013-000360호 (1966. 12. 2. 제 1-134호)
주소 04001 서울시 마포구 월드컵북로 21
전화 393-5681 │ 팩스 393-5685
홈페이지 www.moonye.com │ 블로그 blog.naver.com/imoonye
페이스북 www.facebook.com/moonyepublishing │ 이메일 info@moonye.com

ISBN 978-89-310-0507-3 03840

• 잘못 만든 책은 구입하신 서점에서 바꿔드립니다.

❀문예출판사® 상표등록 제 40-0833187호, 제 41-0200044호